Heike Lutzeyer

Im Spiel lernen – fürs Leben fit sein

Mit Spiel und Spaß Entwicklungschancen gezielt nutzen

Illustrationen von Katrin Priestersbach

Ökotopia Verlag, Münster

Impressum

Autorin: Heike Lutzeyer

Illustratorin: Katrin Priestersbach

Lektorat: Sonja Leyers und Alexander Kerkhoffs, Köln

Fachberatung: Antonia Torras, Köln

Notensatz: Ja.Ro.–Music, Taunusstein

Satz: Regine Ermert, Köln

ISBN 3-936286-25-6

© 2003 Ökotopia Verlag, Münster

2 3 4 5 6 7 8 9 10 • 11 10 09 08 07 06 05

Inhaltsverzeichnis

Vorwort 4

Einführung 5

Spiele zur Entspannung 10

Spiele zur Konzentrationsförderung 30

Spiele zur Wahrnehmungsdifferenzierung 46

Spiele zur Förderung der Koordination 62

Spiele zur Körperwahrnehmung 78

Spiele zur Expressivität 94

Stundenbilder 110

Register 117

Vorwort

Seit einigen Jahren fördern kinderärztliche Vorsorge- und Einschulungsuntersuchungen regelmäßig alarmierende Befunde zutage: Die Zahl von Kindern mit Entwicklungsdefiziten in den grundlegenden motorischen, sensorischen und kognitiven Bereichen nimmt stetig zu.

Das kommt nicht von ungefähr, sondern hängt ursächlich damit zusammen, dass sich unsere Lebensbedingungen immer rasanter verändern – ob unser Wohnumfeld in den Städten, unsere Arbeitswelt, unser Freizeitverhalten oder, vor allem, unsere familiären Verhältnisse; die zunehmende Zahl Alleinerziehender und die breite Vielfalt verschiedener Formen des Zusammenlebens sprechen für sich. Hinzu kommt die tiefe mediale Durchdringung vieler Lebensbereiche; sie verändert unsere sozialen Praktiken, Wahrnehmungs- und Erkenntnisprozesse dahingehend, dass nicht selten unsere Erfahrungen und Erlebnisse bestenfalls aus zweiter oder dritter Hand stammen.

Hat dieser tiefe Umbruch schon für die Erfahrungswirklichkeit von Erwachsenen oft schwere Folgen, so prägt er die von Natur aus reduzierten Erfahrungsmöglichkeiten von Kindern umso gravierender. Um die Welt schrittweise im Wortsinn be-greifen zu können, sind sie auf umfassende und unvermittelte Wahrnehmungen und Erlebnisse geradezu angewiesen. Wo dergleichen fehlt oder mangelt, entstehen fast zwangsläufig Entwicklungsdefizite bei eben den elementaren Fähigkeiten, die grundlegend für die ganzheitliche Entwicklung eines Kindes sind. Eingeschränkte motorische und senorische Fähigkeiten beeinträchtigen das kindliche Erleben und Erfahren, behindern also den kindgemäßen Zugang zur Welt und damit auch die sprachliche, emotionale und intellektuelle Entwicklung. Immer weniger Kinder sind in der Lage, ihrem Alter gemäß ihre Umgebung und sich selbst sowohl komplex als auch differenziert wahrzunehmen, Personen, Dinge und Situationen kognitiv zu verarbeiten, angemessen auf sie zu reagieren und selbst kontrolliert zu agieren.

Aus dieser Diagnose ergeben sich zwangsläufig neue Anforderungen an die erzieherische Praxis. Dazu will dieses Buch seinen Beitrag leisten.

Selbst aus langjähriger pädagogischer Praxis entstanden, bietet „Im Spiel lernen - fürs Leben fit sein" allen Eltern, ErzieherInnen und LehrerInnen von Kindern im Früherziehungs-, Vorschul- und Grundschulalter eine Fülle fantasievoller, vorwiegend rhythmisch-musikalischer Bewegungsspiele für die Arbeit mit kleinen bis größeren Gruppen. Diese Spiele helfen, eklatante Defizite in den elementaren Bereichen Entspannung, Konzentration, Koordination, Körperwahrnehmung, Wahrnehmungsdifferenzierung und Expressivität zu erkennen und spielerisch – und somit kindgerecht – abzubauen.

Einführung

Was ist ein Entwicklungsdefizit und warum sollte es behandelt werden?

Die wissenschaftliche Definition von Entwicklungsdefiziten ist eindeutig:

Die Entwicklungspsychologie spricht genau dann von einem Defizit, wenn die Entwicklung eines Menschen nicht mit der seinem Alter entsprechenden Norm übereinstimmt.

Einige PädagogInnen geben zu bedenken, eine solche Definition könne zu der Auffassung führen, dass ein defizitäres Kind krank sei und unbedingt behandelt werden müsse, um einer willkürlich gesetzten Norm zu entsprechen, einer Norm, die als Grundvoraussetzung für jeden persönlichen und gesellschaftlichen Erfolg angesehen wird, den ein Kind in späteren Lebensphasen erringen kann. In der Praxis zeigt sich jedoch, dass defizitäre Kinder nicht grundsätzlich unbegabt sind, sondern durchaus individuelle Stärken besitzen. So kann ein Kind beispielsweise koordinative Schwächen aufweisen, gleichzeitig jedoch erstaunlich kreativ und tatenfreudig sein, eine Eigenschaft, die durchaus Perspektiven für die persönliche und berufliche Entwicklung eröffnet. Warum also nicht einfach die Schwächen der Kinder außer Acht lassen und dafür ihre Stärken intensiver fördern?

Die Antwort auf diese Frage führt zum Kern des Problems:

Zum einen zeichnen sich Menschen zwar durch individuelle Fähigkeiten aus, sie werden jedoch spätestens mit Beginn ihrer Schulzeit auf der Grundlage ihrer gesamten körperlichen, sozialen und emotionalen Fähigkeiten beurteilt – egal ob das offiziell durch Noten und berufliches Ranking oder eher unterschwellig durch die private Meinung anderer geschieht. Zum anderen ist zu berücksichtigen, dass ein Defizit viele vernetzte Störungen zur Folge haben kann und niemals nur einen Lebensbereich beeinflusst.

Um im Beispiel zu bleiben: Ein Defizit, das nur den koordinativen Bereich berührt, gibt es nicht. Koordinationsdefizite beruhen größtenteils auf der mangelnden Kommunikation zwischen den beiden Gehirnhälften, von denen die eine für unsere assoziativen Kompetenzen wie Kreativität und Intuition, die andere für unsere analytischen Fähigkeiten wie Ordnungs- und Organisationssinn zuständig ist. Wenn ein kreatives Kind Koordinationsdefizite aufweist, liegt daher die Vermutung nahe, dass es Schwierigkeiten hat, seine Bewegungen zu ordnen und zu organisieren.

Ohne ein gewisses Organisationstalent ist der größte Ideenreichtum jedoch wertlos, denn wer seine Ideen nicht ordnen kann, kann sie weder gezielt umsetzen noch adäquat vermitteln. Von diesem Standpunkt aus betrachtet, sehen die beruflichen und gesellschaftlichen Perspektiven unseres Beispielkindes weit weniger rosig aus als anfänglich angenommen, selbst wenn das Kind einen ausgeprägten Tatendrang besitzt. Wie lange es diesen bewahren kann, ist in einer Gesellschaft, die physischen Auffälligkeiten immer noch relativ distanziert, wenn nicht gar ablehnend gegenübersteht, ohnehin fraglich. So kann aus einer koordinativen Einschränkung schnell ein Expressivitätsdefizit entstehen, dem später vielleicht noch ein Mangel an sozialer Kompetenz folgt usw.

Um Kindern eine ausgewogene Persönlichkeitsentwicklung zu ermöglichen und eine chancenreiche Zukunft zu eröffnen, ist es daher wichtig, neben ihren Stärken auch ihre Schwächen zu beachten und diesen gezielt entgegenzuwirken.

Wie entstehen Entwicklungsdefizite?

Jeder Mensch ist von Geburt an neugierig auf seine Umgebung und bereit, diese und sich selbst in der Auseinandersetzung mit ihr zu erfahren und zu begreifen. Schon ein Säugling erkundet seine Umwelt mit all seinen Sinnen. Er ertastet, hört, riecht, schmeckt und sieht, was um ihn herum geschieht und besteht. Die Bereitschaft zur und das Interesse an der eigenen Weiterentwicklung sind also bei allen Kindern von Anfang an gleichermaßen vorhanden.

Wenn trotz dieser Voraussetzung Defizite auftreten, so kann dies unterschiedliche Ursachen haben: Zum einen können körperliche Einschränkungen bestehen, d.h. dass ein Kind beispielsweise schlecht hört oder sieht und bestimmte geistige und physische Kompetenzen deshalb nicht entwickeln kann. Zum anderen besteht die Möglichkeit, dass die vorhandene Neugier des Kindes nicht genügend angespornt oder sogar unterdrückt worden ist; denn was nicht gefördert wird, kommt entweder gar nicht oder nur unzureichend in Gang. Auch die Überforderung vorhandener Fähigkeiten kann zu Defiziten führen, da sich ein Kind, wenn es glaubt, die ihm gestellten Aufgaben nie hinlänglich erfüllen zu können, aufgibt, sich zurückzieht und jegliches Interesse an seiner Weiterentwicklung verliert.

Was tun bei Entwicklungsdefiziten?

Leidet ein Kind unter einer körperlichen Einschränkung, können ErzieherInnen nur sekundäre Hilfe leisten. In einem solchen Fall ist frühzeitige fachliche Unterstützung durch entsprechende Ärzte unabdingbar. Da wir als Laien jedoch niemals sicher sein können, ob ein Kind unter einer körperlichen Einschränkung leidet oder nicht, ist es, sobald wir ein Defizit feststellen, unbedingt erforderlich, ein Elterngespräch zu führen und einen Besuch beim Kinderarzt zu empfehlen.

Etwas anderes ist es, wenn bei einem körperlich und geistig altersgemäß gesund entwickelten Kind Entwicklungsdefizite feststellbar sind. In einem solchen Fall können wir als ErzieherInnen durch eine gezielte Förderung direkt Lern- und Entwicklungsprozesse in Gang setzen, die die defizitären Bereiche ausgleichen und das Kind dem altersgerechten Entwicklungsstand näher bringen. Eine solche Förderung kann aber nur dann zu positiven Ergebnissen führen, wenn wir die Kinder so betrachten, wie sie auch in Zukunft – in der Schule, im Berufsleben und von ihrem sozialen

Einführung

Umfeld – betrachtet werden: in ihrer Gesamtheit als körperliche, geistige und seelische Einheit. Das heißt, wir dürfen zwar ihre Schwächen nicht außer Acht lassen, müssen aber auch ihre Stärken im Blick behalten, denn gerade ein schwächer entwickeltes Kind ist emotional darauf angewiesen, innerhalb einer ihm gestellten Aufgabe zumindest Teilbereiche gut lösen und einige Aufgaben sogar durchgängig bewältigen zu können. Ansonsten würden wir das Kind überfordern. Es würde sein Interesse an den Förderspielen verlieren, sich von der Gruppe zurückziehen, und die nur schlecht ausgebildeten Fähigkeiten würden vollends verkümmern. Anders gesagt: Punktuelle Förderung ist eine Sackgasse. Nur durch die fachliche Anleitung von PädagogInnen, die es verstehen, Schwächen und Stärken gleichermaßen zu erkennen, defizitäre Bereiche zu fördern und vorhandene Fähigkeiten zu verstärken, kann kindlichen Defiziten wirksam und langfristig entgegengewirkt werden.

Spiele als therapeutische Methode

Anders als Erwachsene entdecken und verarbeiten Kinder ihre Umgebung nur in geringem Maße durch ihren Verstand. Besonders im Vorschulalter befinden sie sich in einer Entwicklungsphase, in der sie stark von ihrer Fantasie geprägt werden. Insbesondere mit dieser Fähigkeit bereiten sie sich auf ihr späteres Leben vor, und nirgendwo kann sie sich besser entfalten als im Spiel. Hier können Kinder in Rollen schlüpfen und Welten erfinden, die nicht ihre eigenen sind. Sie können bereits Erlebtes aus einer neuen Perspektive betrachten, emotional wiederverarbeiten und in andere Bahnen lenken. Sie lernen, Entscheidungen zu fällen, Kompromisse zu schließen und die Konsequenzen ihres Tuns zu erkennen. Kurz, sie üben sich darin, selbstständig zu werden, und zwar in einer ihren Fähigkeiten angemessenen Weise, indem sie ihr Vorstellungsvermögen mobilisieren.

Da wichtige Lernprozesse auf diese Weise freiwillig durchgeführt werden, d. h. die Kinder nicht zum Spiel gezwungen werden müssen, bietet das Spiel den besten Rahmen für pädagogische Förderangebote.

Vorteile des rhythmisch-musikalischen Spiels

Viele der in diesem Buch vorgestellten Spiele sind rhythmisch-musikalisch geprägt. Das hat seinen Grund: Neben der geringeren kognitiven Prägung unterscheiden sich Kinder bis ungefähr zur Vollendung des siebten Lebensjahres vor allem durch ihre ausgeprägte sinnliche Wahrnehmung von Erwachsenen. Wo diese die Welt vorrangig visuell begreifen – was nicht immer vorteilhaft ist –, erfahren Kinder sie noch in gleichem Maße gemeinsam über sämtliche Sinne.

Die rhythmisch-musikalische Erziehung macht von dieser differenzierten Aufnahmebereitschaft so weit wie möglich Gebrauch. Durch den Umgang mit Instrumenten und einem abwechslungsreichen Bewegungsangebot fördert sie neben dem Gehörsinn vor allem den taktilen, den vestibulären (Gleichgewicht) und den kinästhetischen (Körperwahrnehmung) Sinn. Durch die Verbindung von Sprache und Musik wird zudem das interhemisphärische Zusammenspiel gefördert – die Kommunikation zwischen den beiden Gehirnhälften –, das dafür sorgt, dass unsere kreativen und analytischen Fertigkeiten zusammenwirken. Und genau das ist die Voraussetzung für die komplexen und analytischen Leistungen, die Kinder zur Bewältigung der ihnen gestellten Aufgaben in der Schule im Besonderen und im Alltag im Allgemeinen benötigen.

Zum Gebrauch dieses Buches

Die in diesem Buch gesammelten Spiele konzentrieren sich schwerpunktmäßig auf die Förderung jener Bereiche der körperlichen und geistigen Entwicklung von Kindern, in denen bei der Auswertung von Einschulungsuntersuchungen in den letzten Jahren die meisten Defizite festgestellt worden sind. Jedem dieser Bereiche ist ein separates Kapitel gewidmet, das in einer einleitenden Darstellung Ursachen, Konsequenzen und Symptome der einzelnen Defizite näher erläutert, um Eltern und ErzieherInnen das Erkennen von und den Umgang mit schwächer entwickelten Kindern zu erleichtern. Es sei jedoch noch einmal darauf hingewiesen, dass die Spiele keine medizinische und therapeutische Behandlung ersetzen. Sie können lediglich unterstützend und vorbeugend wirken. Sobald der Verdacht eines Entwicklungsdefizits aufkommt, ist ein Besuch beim Kinderarzt dringend erforderlich, damit dieser das Kind untersucht und gegebenenfalls entsprechende Maßnahmen veranlassen kann.

Die Spiele sind vorrangig auf die Förderung von Kindern im Alter zwischen fünf und sieben Jahren ausgerichtet (Vorschüler und Erstklässler). Sie können zum Teil aber auch mit jüngeren oder älteren Kindern durchgeführt werden. Ausschlaggebend ist der jeweilige Entwicklungsstand der Kinder, der von den ErzieherInnen individuell eingeschätzt werden muss. Allgemein gehaltene Altersangaben, die die durchschnittlichen kindlichen Fähigkeiten in den jeweiligen Altersphasen berücksichtigen, finden sich neben Hinweisen zum Materialaufwand und zur Mitspielerzahl jeweils zu Beginn der einzelnen Spiele.

Einführung

Ebenfalls zu Beginn eines jeden Spiels finden sich Angaben zu einigen ausgewählten Förderzielen, wobei das jeweilige Schwerpunktförderziel im entsprechenden Kapitel nicht eigens aufgelistet wird. Durch die über das Schwerpunktziel hinausgehenden Förderaspekte wird deutlich, dass die Förderung zwar auf die jeweiligen Defizite hin angelegt ist, aber immer einer ganzheitlichen Orientierung folgt. Zudem können diese Angaben bei der Planung eines Stundenverlaufs insofern unterstützend wirken, als sie helfen, Spiele mit Teilaufgaben zu finden, die auch von Kindern bewältigt werden können, die Schwächen im Bereich eines der Schwerpunktziele aufweisen.

Die Vorbereitungszeit sowie der Materialaufwand sind für die meisten Spiele gering. Zudem können die benötigten Spielutensilien überwiegend mit den Kindern hergestellt werden, was sich nicht zuletzt positiv auf das Gemeinschaftsgefühl und die feinmotorischen Fähigkeiten der Kinder auswirkt.

Als Praxisbeispiele sind im Anhang des Buchs exemplarische Stundenbilder beigefügt, die beispielhaft für die Umsetzung und die Zusammenstellung der Spielideen herangezogen werden können und gleichzeitig zur Entwicklung eigener Stundenkonzepte anregen sollen. Eine kurze Einführung zu Beginn des Anhangs gibt Aufschluss über wichtige Aspekte, die bei der Planung und Ausführung von Förderstunden zu beachten sind.

Und nun viel Spaß beim Spielen und Fördern!

Spiele zur Entspannung

Bewegung und Ruhe sind eine rhythmische Polarität, die unser tägliches Leben bestimmt. Im ausgeglichenen Wechselspiel zwischen diesen beiden Polen erfahren wir die nötige Anspannung und Entspannung für unseren Körper und unseren Geist.

Kinder mit Entspannungsdefiziten wirken permanent unruhig und nervös, zappeln herum, werfen häufig etwas um oder stoßen ständig irgendwo gegen. Wir können dieses Verhalten besser verstehen, wenn wir uns bewusst machen, dass die körperliche Unruhe ein Spiegel der inneren Unruhe ist. Diese innere Anspannung liegt oftmals in einer Überforderung des Kindes begründet, so dass wir uns zunächst selbstkritisch fragen müssen, wie sehr wir unsere Kinder der Reizüberflutung aussetzen und was wir ihnen an Leistungen und Erfolgen abverlangen. Kinder müssen beim Spiel die Ruhe haben, Verschiedenes auszuprobieren, ohne dass die Erwachsenen vorschnell eingreifen und den vermeintlich richtigen Weg weisen. Den tatsächlich richtigen Weg können wir am besten durch unser Vorbild weisen. Ein Kind, das in einer unentwegt lauten und hektischen Umgebung aufwächst, ohne Zeiten der Ruhe und Entspannung kennenzulernen, ein Kind, das permanente Spannungen zwischen den Eltern erlebt und sich auf keine gleichbleibende Zuwendung und Führung, auf keine klar definierten Grenzen verlassen kann, wird schwerlich zu seelischer und körperlicher Ausgeglichenheit finden können.

Einige der häufigsten Symptome für Entspannungsdefizite sind:
▸ ständiges Zappeln
▸ Konzentrationsschwierigkeiten
▸ unkontrollierte, unrhythmische und eckige Bewegungen
▸ geringe Koordinationsfähigkeit
▸ explosionsartige Entladung angestauter Energie
▸ ständiges Aufgedrehtsein
▸ oberflächliche Ausführung von Aufgaben
▸ Motivationsarmut
▸ feinmotorische Probleme

Nicht alle Entspannungsspiele dieses Kapitels wie Selbst- und Partnermassagen, Handgesten- und Legespiele sowie rhythmische Malspiele sind ruhige Spiele, da sich nicht allein der Körper, sondern auch der Geist entspannen soll. Die Förderung der Kreativität und Fantasie bildet eine Art Brücke, um zu Ruhe und Entspannung des Körpers, des Geistes und der Seele hinzuführen.

Im Mittelpunkt der Förderung stehen folgende Aspekte:
▸ Ruhe als Erlebnis genießen
▸ positive Eigenwahrnehmung
▸ differenzierte Wahrnehmung
▸ grob- und feinmotorischer Bewegungsfluss
▸ Komplexe in überschaubare Teile gliedern
▸ Details wahrnehmen, erinnern und rekonstruieren
▸ Beanspruchung beider Gehirnhälften durch Verbindung von Sprache und Bewegung

Für die freie Entfaltung und positive Persönlichkeitsentwicklung ist es von zentraler Bedeutung, dass Kinder Zeiten der Ruhe erleben und eigene Entspannungsweisen finden, damit sie die äußeren Anforderungen bewältigen können, ohne sich dabei selbst zu verlieren. Denn wer ausgepowert ist, hat keine Kapazitäten mehr frei, kann nichts mehr geben und verliert seinen Zugang zu Fantasie und Kreativität – und damit letztlich den Zugang zu sich selbst.

Auch die Spielstunden leben von der Spannung zwischen Ruhe und Bewegung.

Entspannung

Die Raupe Rigula

Anzahl: 4–5 Paare
Alter: ab 4 Jahre
Material: pro Paar eine Decke oder Matte
Förderziele: ▸ Körperwahrnehmung
▸ Anregung der Fantasie

Die Kinder finden sich zu Paaren zusammen. Je ein Kind legt sich bäuchlings auf eine Decke oder Matte und entspannt sich. Das andere kniet sich daneben und massiert den Rücken des liegenden Kindes zu folgenden von der Spielleitung vorgetragenen Versen:

Auf dem Rücken kriecht die Raupe Rigula rogula rapp rapp rapp im Rigula-rogula-Raupen-Trapp. (mehrmals wiederholen)	Der Zeigefinger kriecht im Rhythmus des Verses in Bögen den Rücken hinauf und hinunter, wobei alle Bereiche des Rückens angesprochen werden.
Kriecht und kriecht mit viel Geschnauf rigula rogula den Berg hinauf.	Mit den Fingern von unten nach oben an der Wirbelsäule entlang krabbeln.
Doch auf einmal ist sie schlapp vom Rigula-rogula-Raupen-Trapp.	Bewegung stoppen.
Rollt sich ein, spinnt sich ein mit wundersamen Fädelein.	Kreise auf den Rücken zeichnen.
Schließt ihr Kokonhäuschen zu, psssssst, lasst sie in Ruh.	Hand zur Faust ballen. Zeigefingerknöchel leicht in den Rücken drücken und drehen (Zuschließgeste mit einem imaginären Schlüssel).
Ruht sich aus – ruht sich aus …	Rücken an der Wirbelsäule mit beiden Händen von oben nach unten ausstreichen.
Doch auf einmal macht es plong,	Hände von der Wirbelsäule schnell nach außen wegstreichen.
und aus dem seidenen Kokon kommt heraus ein Wunderding: Flieg, flieg, du schöner Schmetterling.	Gleichzeitig mit beiden Händen einen Schmetterling auf den Rücken malen.

Zehen hab' ich zehn

Anzahl: 6–12 Kinder
Alter: ab 4 Jahre
Förderziele: ▸ Körperwahrnehmung
▸ Körperteil-Isolation

Zu dieser Selbstmassage setzen sich die Kinder ohne Schuhe und Socken zunächst mit ausgestreckten Beinen im Kreis auf den Boden.
Die Spielleitung trägt die folgenden Verse vor, und die Kinder massieren dem Text entsprechend ihre Zehen, Füße, Beine usw.

Zehen hab' ich zehn,
alle kann ich sehn.
Kann ich sie auch spüren?
Ich will es gleich probieren:
1, 2, 3, 4, 5, 6, 7, 8, 9, 10!

Mit den Zehen wackeln.

Alle Zehen der Reihe nach durchkneten.

Füße, Beine hab' ich zwei,
ja, das ist nicht einerlei!

Füße und Beine fest umgreifen und kneten.

Und den Bauch nicht zu vergessen,
den braucht man für's gute Essen.

Mit der flachen Hand kreisende Bewegungen auf dem Bauch ausführen.

Der Oberkörper ist geschickt,
Omi dafür Pullis strickt.

Oberkörper vorne und hinten ausstreichen.

Die Arme sind lang und sehr beweglich,
sie regen sich gar unentweglich.

Arme abwechselnd kräftig ausstreichen.

Hände hab' ich zwei,
und die Finger,
diese lust'gen Dinger,
wollen niemals ruh'n,
wie viele zählt ihr nun?

Hände reiben; winken.

Finger zappeln.

1, 2, 3, 4, 5, 6, 7, 8, 9, 10 –
lasst sie einmal alle sehn!

Finger zählen,
Finger zappeln.

Der Hals mit dem schönen Schopf:
Ja, das ist mein kluger Kopf,

Hals und Kopf streicheln,
mit dem Kopf nicken.

mit der Stirn,
zwei Augen,
einer Nase,
den Wangen,
zwei Ohren,
und natürlich dem Mund,
der gab euch dies alles kund!

Über die Stirn zu den
Augen streicheln,
die Nase bewegen,
die Wangen reiben
und die Ohren durchkneten.
Mund und Lippen bewegen,
Kusshand werfen.

Der musikalische Regenbogen

Anzahl: 4–5 Paare
Alter: ab 5 Jahre
Material: pro Paar eine Decke oder Matte
Musik: Regenmacher, Triangel, Windspiel
Förderziele:
- Konzentration
- Eigen- und Fremdwahrnehmung
- Anregung der Fantasie
- Expressivität

Die Kinder bilden Paare und entscheiden innerhalb der Zweiergruppen, wer zunächst massieren soll und wer massiert wird.
Zu dem von der Spielleitung vorgetragenen Gedicht „Der Regenbogen" führen die Kinder zu den Wetterphänomenen Regen, Sonne und Regenbogen passende Massagebewegungen aus. Zusätzlich werden die drei Phänomene noch durch drei ihnen zugeordnete Instrumente versinnbildlicht, die von einem ausgewählten Kinderpaar gespielt werden, wobei das dritte Instrument die Spielleitung bedient.
Nach jedem Durchgang übernimmt ein anderes Paar das Musizieren, und innerhalb der übrigen Paare werden die Rollen getauscht.

Der Regenbogen

Es regnet übers ganze Land
und aus dem schwarzen Wolkenband
prasseln Tropfen ohne Zahl.

Es scheint die Sonne – welche Wonne –
schickt ihre Strahlen – hell und warm.

Und übers ganze weite Land
wird nur für dich
ein Regenbogen aufgespannt.

EIN ZUORDNUNGSBEISPIEL:

Assoziation	Instrument	Massagebewegung
Regen	Regenmacher (Kind A)	tröpfelnde, vereinzelte Fingerbewegungen auf dem Rücken
Sonne	Triangel (Kind B)	ausstreichende Bewegungen mit beiden Händen von der Wirbelsäule zu den Seiten
Regenbogen	Windspiel (Spielleitung)	halbkreisförmige Bewegungen auf dem Rücken

Entspannung   15

Käfer Kribbel

Anzahl: 4–5 Paare
Alter: ab 5 Jahre
Material: pro Paar eine Decke oder Matte
Förderziele: ▸ Eigen- und Fremdwahrnehmung
                 ▸ Körperwahrnehmung

Ein Kind liegt auf einer Decke oder Matte auf dem Bauch und entspannt sich, das andere kniet daneben und massiert zu den folgenden von der Spielleitung vorgetragenen Versen den Rücken des Partners.

Kribbel krabbel Käfermann kommt heut' uns're Wies' entlang.	Die Hand krabbelt auf dem Rücken von unten nach oben.
Kribbelt hier und kribbelt da, sucht die Käfer allzumal.	In verschiedene Richtungen krabbeln.
Seine Freunde will er finden, die sich um die Blätter winden.	
Doch keiner mag bei diesem Sommerwetter solch ein mühsames Gekletter!	Stoppen – Pause
Lieber Käfer Krabbelmann, schau dir doch die Sonne an.	Eine Sonne auf den Rücken malen.
Sie scheint so heiß. In diesen Tagen lässt sich's nur unterm Blatt ertragen,	Den Rücken ausstreichen.
an einem ruhigen Schattenplätzchen ohne all' die Krabbelmätzchen.	Mit beiden Händen von oben nach unten an der Wirbelsäule entlangfahren.

Das Häuschen Klitzeklein

Anzahl: 8–10 Kinder
Alter: ab 4 Jahre
Förderziele: ▸ Expressivität
  ▸ Feinmotorik
  ▸ Anregung der Fantasie

Während die Spielleitung die folgenden Verse langsam und ruhig vorträgt, stellen die Kinder den Text begleitend durch die nebenstehend angegebenen Handgesten dar.

In einem Garten wunderfein *steht mein Häuschen Klitzeklein.*	Mit den Fingern die Umrisse eines kleinen Hauses in die Luft zeichnen.
Gebaut aus rotem Ziegelstein, *mit Dach* *und Tür* *und Fensterlein.*	 Hände formen ein spitzes Dach. Imaginäre Türe öffnen und hindurchgehen. Eine Hand wie zum Schutz gegen blendendes Sonnenlicht an die Stirn halten.
Das Dach läßt nicht den Regen ein,	Fingerspitzen „tröpfeln" zu Boden,
durchs Fenster kommt der Sonnenschein,	Hand auseinander spreizen,
und durch die Tür, so winzig klein, *geh ich hinaus und komm herein.*	Gehbewegung mit Fingern.
Und brauche ich mal meine Ruh',	Handflächen aufeinander legen und zur Wange führen (Schlafgeste).
schließ ich die Türe ganz fest zu.	Schlüssellochumriss darstellen, mit einem Finger-Schlüssel zuschließen.

Das Dorf Klitzeklein

Anzahl: 8 Kinder
Alter: ab 6 Jahre
Material: ca. 16 Seile in verschiedenen Farben
Musik: ein Melodieinstrument, z. B. C-Blockflöte oder Glockenspiel
Förderziele:
- Reaktionsvermögen
- Grobmotorik
- Konzentration
- musikalische Motive erkennen

Die Kinder finden sich zu Paaren zusammen und bilden als solche im Raum einen Kreis. Zwischen den einzelnen Paaren muss genügend Platz für die spätere Arbeit mit den Seilen vorhanden sein.
Die Spielleitung verteilt pro Paar drei bunte Seile. Vier verschiedenfarbige Seile hält sie zunächst zurück. Dann trägt sie langsam das Gedicht vom Häuschen Klitzeklein vor.

Währenddessen errichtet jedes Paar aus seinen Seilen in gemeinschaftlicher Legearbeit ein Haus. Der zur Verfügung stehende Platz sollte ausgenutzt werden, so dass zwei bis drei Meter Abstand zu den Nachbarhäusern besteht.
Haben die Kinder den Häuserbau beendet, gibt die Spielleitung jedem Paar ein andersfarbiges Seil. Diese werden nun als Straßen zwischen die einzelnen Häuser gelegt.
Gemeinsam mit der Spielleitung ordnen die Kinder jeder Straßenfarbe ein musikalisches Motiv zu.
Die Kinder gehen zurück in ihre Häuser.
Die Spielleitung improvisiert auf einem Melodieinstrument.
Erklingt das musikalische Motiv, das der Farbe zugeordnet ist, die von einem der Häuser wegführt, gehen die dort wohnenden Kinder los und besuchen das am Ende dieser Straße liegende Nachbarhaus. Damit nicht beide Paare, die ihre Häuser an der entsprechend

farbigen Straße haben, gleichzeitig losgehen, erfolgt der Besuch nur im Uhrzeigersinn.
Pausiert die Musik, machen sich die Kinder wieder auf den Heimweg.
Über ein paar Runden werden so gegenseitige Besuche gemacht.
Um das Spiel zu beenden, gehen die Kinder nicht mehr in ihr Haus zurück, sondern bleiben bei den Nachbarn, um mit ihnen beim nächsten entsprechenden musikalischen Motiv so lange gemeinsam die Kinder im nächstgelegenen Nachbarhaus zu besuchen, bis alle Paare in einem Haus versammelt sind.

Das Dörfchen Klitzeklein

Anzahl: 8–10 Kinder
Alter: ab 5 Jahre
Material: eine große Papierrolle, Malerkrepp, Bunt- oder Wachsstifte
Förderziele: ▸ Kreativität
▸ Kooperation
▸ Sozialverhalten

Die Spielleitung breitet eine lange Bahn Malpapier von einer großen Rolle auf dem Boden aus und klebt sie mit Malerkrepp gut fest.
Die Kinder nehmen sich farbige Stifte und setzen sich in einer Reihe vor die Papierbahn hin.
Die Spielleitung spricht langsam das Gedicht vom Häuschen Klitzeklein (s. S. 16).
Jedes Kind malt dazu sein eigenes Häuschen Klitzeklein auf die Papierbahn.
Zu den Wiederholungen des Gedichts malen die Kinder ihre Häuser aus und verzieren sie.
Gemeinsam werden Blumen und Tiere in die Siedlung gemalt.
Das so entstandene Dörfchen Klitzeklein kann anschließend an die Wand gehängt und nach Lust und Laune erweitert werden.

Klitzeklein-Massage

Anzahl: 4–5 Paare
Alter: ab 4 Jahre
Förderziele: ▸ Empathie
▸ Eigen- und Fremdwahrnehmung
▸ Körperwahrnehmung

Die Kinder finden sich zu Paaren zusammen.
Die Spielleitung führt zunächst an einem Kind exemplarisch die Partnermassage vor. Während sie das Gedicht (s. S. 16) langsam und beruhigend vorträgt, malt sie mit den Fingern das Häuschen Klitzeklein und seine Bestandteile auf den Rücken des Kindes.
Die Spielleitung trägt das Gedicht erneut vor. Gleichzeitig zeichnet pro Paar jeweils ein Kind auf den Rücken des anderen das Haus mit allen erwähnten Teilen, wobei das massierte Kind genau darauf achtet, ob es alle Details erspüren kann.
Beim nächsten Durchgang werden die Rollen getauscht.

Entspannung 19

Ein Seifenblasentraum

Anzahl: 6–10 Kinder
Alter: ab 5 Jahre
Material: zwei Seifenblasenspiele
Förderziel: Wahrnehmungsdifferenzierung

Alle Kinder legen sich entspannt auf den Boden. Zum folgenden Vers lässt die Spielleitung Seifenblasen auf die liegenden Kinder herunterschweben.

*Schaut nur, schaut,
was ihr gleich seht,
was auf euch herunterschwebt!*

Die Spielleitung geht nun zu einem Kind, berührt es an der Schulter und gibt ihm die Seifenblasen. Das Kind bläst einige Seifenblasen in die Luft, gibt die Dose weiter und legt sich wieder hin. Da die Kinder die Seifenblasen vermutlich nicht so rasch weitergeben werden, ist es sinnvoll, gleichzeitig zwei Kindern je eine Seifenblasendose zu geben.

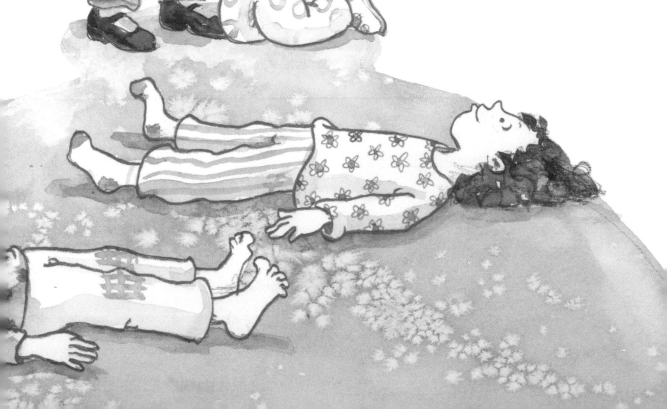

Spuren im Sand

Anzahl:	6–8 Kinder
Alter:	ab 5 Jahre
Material:	ein großes Tablett mit hohem Rand, feiner Sand (z. B. Vogelsand aus der Tierhandlung), ein Stäbchen
Musik:	Metallophon oder Flöte
Förderziele:	▸ Wahrnehmungsdifferenzierung ▸ grafisches Ausdrucksvermögen

Die Spielleitung füllt feinen Sand in ein größeres Tablett mit einem hohen Rand.
Die Kinder setzen sich im Kreis auf den Boden. Die Spielleitung improvisiert beruhigende Klänge auf dem Metallophon oder auf der Flöte.
Ein Kind stellt das Tablett vor sich auf den Boden und malt mit dem Zeigefinger ein Ding, Tier oder Muster in den Sand, zu dem es von der Musik angeregt wird. Dann gibt es das Tablett an das nächstsitzende Kind weiter, indem es es vorsichtig über den Boden schiebt. Das nächste Kind betrachtet das Bild und streicht dann so viel von dem Sand wieder glatt, dass etwa die Hälfte des Bildes sichtbar bleibt. Das übrig gebliebene halbe Bild ergänzt es um eine neue eigene Hälfte, bevor auch es das Tablett an das nächste Kind weiterreicht.
Das Bild nimmt so von Kind zu Kind eine neue Gestalt an. Am Ende kommt das Tablett wieder zu dem Kind zurück, das das erste Bild gemalt hat. Nun wird das letzte Bild noch einmal durchgereicht, und alle Kinder sagen, ob sie darin von ihrem Bild noch etwas erkennen können.

VARIANTE

Die Kinder malen ihre Bilder mit einem Stäbchen in den Sand.

Die bunten Kreise

Anzahl:	4–8 Kinder
Alter:	ab 6 Jahre
Material:	Buntstifte, pro Kind ein Bogen DIN A3-Malpapier, diverse runde Gegenstände verschiedener Größe
Musik:	Orffinstrumente
Förderziele:	▸ Kreativität
	▸ Feinmotorik
	▸ Assoziationsvermögen

Eine Auswahl verschiedener runder Gegenstände von unterschiedlicher Größe, wie z. B. eine Schüssel, eine Untertasse oder ein Glas, dienen den Kindern als Malschablonen.
Die Spielleitung weist die Kinder darauf hin, dass sich Kreise auch wie bei einer Schnittmenge überlappen können.
Die Spielleitung improvisiert auf verschiedenen Orffinstrumenten.
Die Kinder lassen sich durch die Klänge inspirieren und malen entsprechend angeordnete Kreise auf ihre Blätter, die dann bunt ausgemalt und nach Belieben mit fantasievollen Mustern versehen werden.
Am Ende vergleichen alle ihre „musikalischen" Bilder.

Der Igel Zickundzack

Anzahl:	6–10 Kinder
Alter:	ab 4 Jahre
Material:	Buntstifte und ein DIN A4-Papier für jedes Kind
Förderziele:	▸ Rhythmus grafisch umsetzen
	▸ Feinmotorik

Die Spielleitung spricht den folgenden Text und malt zum Rhythmus der Verse mit dem Finger den unten abgebildeten Igel Zickundzack in die Luft.
Die Kinder zeichnen zum zweiten Vortrag der Verse dem Rhythmus folgend den Igel auf ihr Papier und malen ihn aus.

Der Igel Zickundzack

Auf und ab und ohne Päuschen
malen wir das Stachelhäuschen.
Hier blitzt nun das Schnäuzchen raus,
aus dem spitzen Stachelhaus.

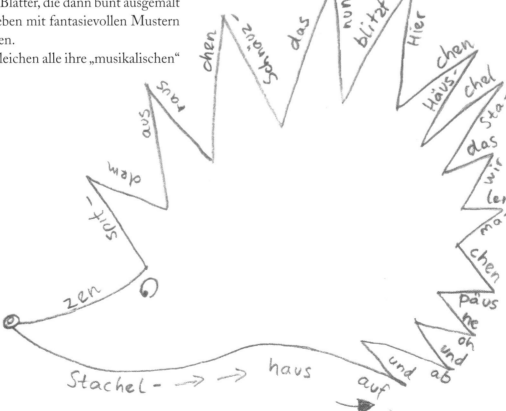

Heut' fang' ich eine Wolke

Anzahl: 8–10 Kinder
Alter: ab 5 Jahre
Förderziele: ▸ Anregung der Fantasie
▸ Grobmotorik

Die Spielleitung spricht die folgenden Verse, die sie in der beschriebenen Weise gestisch begleitet.
Die Kinder ahmen diese Bewegungen nach.

Heut' fang' ich eine Wolke! *Schwups, schaut alle her!* *Eine Wolke fangen ist nicht schwer.*	Mit einer Geste auf sich aufmerksam machen.
So groß ist meine Wolke, *so breit ist meine Wolke,* *so dick ist meine Wolke.*	Mit den Armen Umfang, Breite und Dicke der Wolke zeigen.
Aber auch die dickste Wolke *bleibt nicht immer dick.* *Jede Wolke ändert sich,* *in jedem Augenblick.*	Auf sich zeigen.
Einen Bauch kriegt meine Wolke *und dazu auch noch ein Bein,* *so patscht sie ins Himmelblau* *und wird ein Wolkenschwein.*	Bauch und Bein pantomimisch darstellen. Auf einen Oberschenkel patschen. Lustige Grimasse schneiden, grunzen und einen Ringelschwanz in die Luft malen.
So groß ist mein Wolkenschwein, *so breit ist mein Wolkenschwein,* *so dick ist mein Wolkenschwein!*	Mit den Armen Umfang, Breite und Dicke des Wolkenschweins zeigen.
Nein, nein, das ist kein Wolkenschwein, *das ist ein Wolkenbär!*	Auf sich zeigen. Lustige Grimasse schneiden und mit den Händen einen dicken Bärenbauch umfassen.
Nein, nein, das ist ein Segelschiff, *das segelt hin und her.*	Auf sich zeigen. Von einem Bein auf das andere schaukeln
So groß ist mein Segelschiff, *so breit ist mein Segelschiff,* *so dick ist mein Segelschiff!*	Mit den Armen Umfang, Breite und Dicke des Segelschiffs zeigen.
Das Segelschiff kriegt eine Nase, *das Segelschiff kriegt einen Mund,*	Auf Nase und Mund zeigen.

Entspannung

jetzt ist es schon ein Wolkenwicht	Eine Zipfelmütze darstellen.
mit einem großen Hund!	Auf allen Vieren gehen.
So groß ist mein Wolkenhund,	Mit den Armen Umfang,
so breit ist mein Wolkenhund,	Breite und
so dick ist mein Wolkenhund!	Dicke des Wolkenhunds zeigen.
Der Hund wird jetzt ein Wolkenkind,	Mit den Armen eine Flugbewegung machen.
das leise fliegt im Wolkenwind.	
Der Wolkenwind muss jetzt nach Haus,	Schlussgeste mit den Händen.
und die Wolkenfängerei ist aus.	

Wolkenbilder

Anzahl: 8–10 Kinder
Alter: ab 5 Jahre
Material: pro Kind ein langes weißes Seil
Förderziele: ▸ Anregung der Fantasie
             ▸ Spontaneität
             ▸ Kreativität

Jedes Kind erhält ein langes weißes Seil und legt damit den Umriss einer großen Wolke auf den Boden.

Die Kinder schließen die Augen und verändern mit geschlossenen Augen das Wolkenbild.
Die Augen werden geöffnet – was für ein Wolkenbild ist nun entstanden? Die Kinder betrachten die neuen Gebilde und finden für die neuen Formen gemeinsam fantasievolle Assoziationen, wie etwa das „Wolkenschwein".

Wettermassage

Anzahl: 4–5 Paare
Alter: ab 5 Jahre
Förderziele:
- Körperwahrnehmung
- Eigen- und Fremdwahrnehmung

Die Kinder bilden Paare.
Die Spielleitung denkt sich einen Wetterbericht für einen wechselhaften Tag aus und trägt ihn den Kindern vor, wobei sie den Bericht durch veranschaulichende Handgesten begleitet.
Bei einem neuen Durchgang ahmen die Kinder die Gesten nach.
An einem auf dem Bauch liegenden Kind führt die Spielleitung vor, wie die rhythmischen Handgesten in Massagebewegungen umgesetzt werden.

Von den Paaren legt sich jeweils ein Kind auf den Bauch, das andere kniet sich daneben.
Die Spielleitung trägt erneut den Wetterbericht vor.
Ihrem Bewegungsvorbild entsprechend massieren die knienden Kinder die Rücken der liegenden.
Nach jedem Durchgang werden die Rollen innerhalb der Paare getauscht.

TEXT- UND MASSAGEBEISPIEL

Plitsch und Platsch die Regentropfen heute auf das Pflaster klopfen.	Einzelne Fingerspitzen berühren den Rücken.
Alles, alles wird ganz nass, hei, das ist ein Riesenspaß.	
Schon kommt die Sonne langsam hervor, streichelt sanft die Erde, und erwärmt, was kühl zuvor.	Handflächen von der Wirbelsäule aus zu den Seiten ziehen.
Sie trocknet den Regen, was für ein Segen!	Rücken von oben nach unten ausstreichen.
Ein Regenbogen, schön anzusehen, lässt viele bunte Farben wehen.	Sechs Bögen auf den Rücken malen.
Rot, Orange, Gelb, Grün, Blau, Violett – heißa, das war nett!	Kurz über den Kopf streicheln.

Ein Luftballon spazieren flog

Anzahl: 8–10 Kinder
Alter: ab 5 Jahre
Material: Malstifte, pro Kind ein Bogen DIN A3-Malpapier
Förderziele: ▸ Expressivität
▸ Konzentrationsfähigkeit

Die Spielleitung teilt die Malstifte aus und gibt jedem Kind einen Bogen Malpapier. Dann trägt sie langsam das unten stehende Gedicht vor.
Die Kinder setzen während des Vortrags die szenischen Bilder des Textes grafisch um. Vorschläge für die grafische Darstellung sind rechts neben dem Gedicht abgedruckt.

Ein Luftballon spazieren flog, was der so alles sah.	
Zuerst erblickte er schlingelang einen blauen Bach,	Wellenlinie
dann sah er eine Kirche mit einem spitzen Dach,	Dreieck
dann braun karierte Felder und grüne Tannenwälder.	Gitter Giebel
Da ein Klecks, das war ein See, dort riesige Berge, bedeckt mit Schnee.	Ellipse Zick-zack-Linie
Weit, weit ist er geflogen, ehrlich – ungelogen.	

VARIANTEN

▸▸ Die Kinder erhalten je ein Seil und legen gemeinsam ein Bodenbild.

▸▸ Die Kinder stellen den Inhalt der Verse durch frei assoziierte Bewegungen in der Grobmotorik dar.

Die Blumenwiese

Anzahl:	6–8 Kinder
Alter:	ab 5 Jahre
Material:	20–30 Chiffontücher, 5 bunte Pappscheiben (ca. 30 cm Durchmesser)
Musik:	Glockenspiel, Metallophon, Bewegungsmusik, etwa Prokofjew, Visions Fugitives, Op. 22 „Commodo"
Förderziele:	▸ Anregung der Fantasie
	▸ Gehörbildung
	▸ Flexibilität
	▸ Reaktionsvermögen

Es empfiehlt sich, die Kinder zur Vorbereitung dieses Spiels mit Chiffontüchern in hellen und dunklen Farben experimentieren zu lassen. Anschließend erarbeitet die Spielleitung mit Hilfe der Instrumente analog zu den Farben mit den Kindern die Unterschiede zwischen hellen und dunklen Tönen.

In der Raummitte legt die Spielleitung verschiedenfarbige Pappscheiben aus, und jedes Kind bekommt einige Chiffontücher.

Die Spielleitung spielt eine Musik ein, zu der sich die Kinder durch den Raum bewegen.

Die Spielleitung unterbricht die Musik und erzeugt auf einem hell oder dunkel klingenden Instrument einen entsprechenden Klang.

Je nach Klang darf ein helles oder dunkles Tuch an eine der Pappscheiben angelegt werden. Die Kinder organisieren die Spielentscheidungen selbstständig, so dass pro Runde immer nur ein Tuch abgelegt wird.

Nach und nach entstehen so am Boden bunte Blumen mit Chiffonblütenblättern.

Die Blumen erwachen

Anzahl:	6–10 Kinder
Alter:	ab 4 Jahre
Musik:	ruhige Bewegungsmusik, etwa Prokofjev, Visions Fugitives, Op. 22 „Commodo"
Förderziele:	▸ Konzentrationsfähigkeit
	▸ Expressivität
	▸ Bewegungskoordination

Die Spielleitung spricht den unten stehenden Text einige Male vor, bis die Kinder ihn mitsprechen können.
Die Kinder setzen sich auf den Boden und machen sich ganz klein, wie ein Blumensamen.
Im Hintergrund wird eine ruhige Musik eingespielt, damit die Kinder zu Ruhe und Konzentration auf sich selbst geführt werden. Die Spielleitung spricht langsam den Text, den die Kinder mitsprechen.
Dazu stellen die Kinder gestisch das Wachsen der Blume dar, bis sie sich schließlich ganz entfaltet hat und im Wind wiegt.
Beim letzten Vers geht die Spielleitung umher und streichelt den Kindern über den Kopf, die daraufhin ihre Blüten schließen.

Die Blumen erwachen

*Wir sind ganz klein,
wir Blümelein.*

*Doch kommt der Sonnenschein,
recken wir die Köpfelein*

*und wachsen weit,
weit in die Welt hinein.*

*Wir breiten uns're Knospen aus
und strecken uns're Blätter aus.*

*Jedes kleine Blumenkind
wiegt sich sacht im Frühlingswind.*

*Und kommt der Abend,
geh'n alle zur Ruh',
auch du und du und du.*

VARIANTE

Blütenzauber

Alter:	ab 5 Jahre
Material:	pro Kind ein Chiffontuch

Zusätzlich zur gestischen Darstellung stellen die Kinder das Aufgehen der Blüte mit einem Chiffontuch dar. Dazu sollten die Kinder zuvor einige Zeit mit Chiffontüchern experimentiert und deren Eigenschaften erkundet haben.

Echt dufte

Anzahl:	6–8 Kinder
Alter:	ab 5 Jahre
Material:	3–4 Decken, pro Kind 2 kleine Duftkissen, stark duftende Naturalien wie z. B. Orangen, Zimt, Zitronen, Nelken und Tannenzapfen, ersatzweise ätherische Öle, Malpapier, Buntstifte
Musik:	meditative Musik
Förderziele:	▸ Vorstellungsvermögen
	▸ Wahrnehmungsdifferenzierung
	▸ Expressivität

Aus Stoffresten werden für jedes Kind drei oder vier kleine Kissen hergestellt, die mit stark duftenden Trockenfrüchten oder anderen intensiv riechenden Naturalien gefüllt werden. Ersatzweise können die Kissen auch mit ätherischen Ölen beträufelt werden, was jedoch wegen der Intensität dieser Öle bereits zwei bis drei Tage vor dem Spiel geschehen sollte.
Die Kinder legen sich auf Decken in die Mitte des Raumes. Im Hintergrund wird meditative Musik eingespielt.

Die Spielleitung geht mit einem Tablett von Kind zu Kind und teilt jedem drei oder vier Duftkissen mit unterschiedlichen Geruchsnoten aus.

Die Kinder riechen an ihren Kissen und versuchen sich die Düfte oder das, woran sie erinnern, einzuprägen.

Nun erhält jedes Kind Malstifte und Papier und malt, was es mit den verschiedenen Gerüchen assoziiert.

Anschließend werden die Bilder besprochen. Wer hat den gleichen Duft gerochen? Wer hat ihn wie grafisch umgesetzt?

Zum Schluss präsentiert die Spielleitung die echten Duftspender oder Bilder von ihnen, etwa eine Zitrone oder Orange. Die Duftkissen werden von allen gemeinsam den natürlichen Gegenständen oder ihren Bildern zugeordnet.

Der Sonnenschein

Anzahl: 6–8 Kinder
Alter: ab 5 Jahre
Material: helle Buntstifte, pro Kind eine Sonnenkopie
Musik: Triangel, Fingercymbeln
Förderziele: ▸ Wahrnehmungsdifferenzierung
▸ Feinmotorik

Die Spielleitung stellt eine Kopiervorlage her, auf der eine große Sonne abgebildet ist, deren einzelne Strahlen aus je zwei gleich großen Hälften bestehen.

Jedes Kind erhält eine Kopie und sucht sich zwei helle Farbstifte aus. Die eine Hälfte des Sonnenstrahls soll hell und kräftig angemalt werden, die andere hell und zart.

Die Spielleitung improvisiert auf der Triangel und auf den Fingercymbeln. Die unterschiedlichen Klänge der kräftig klingenden Triangel und der zarten Cymbeln werden mit den Kindern besprochen.

Jedes Kind legt für sich fest, welchem Instrument es welche seiner Farben zuordnet.

Die Spielleitung musiziert in unregelmäßiger Folge Parts auf den Instrumenten, und die Kinder malen entsprechend die Hälften der Sonnenstrahlen aus.

Die Spielleitung sollte den Überblick behalten, wie viele Parts eines Instruments noch gespielt werden müssen, bis die Sonnen ganz ausgemalt sind.

Am Ende sollte jeder Sonnenstrahl kräftige und zarte Nuancen aufweisen.

Entspannung

Der Traumzauberstern

Anzahl: 6–8 Kinder
Alter: ab 5 Jahre
Förderziele: ▸ Anregung der Fantasie
▸ Eigenwahrnehmung

Die Kinder sitzen im Schneidersitz im Kreis auf dem Boden.
Die Spielleitung trägt den Kindern das nachfolgende Gedicht vom Traumzauberstern langsam und deutlich vor.
Die Kinder schlagen Bewegungen für ein Handgestenspiel vor, das den Inhalt der Verse pantomimisch darstellen soll.
Zum nächsten Vortrag der Verse führen die Kinder die verabredeten Handgesten aus.
Bei der Auslassung in der letzten Zeile denkt jedes Kind mit geschlossenen Augen an seinen Traum.

Der Traumzauberstern

*Der Traumzauberstern
schickt heut' Nacht
ganz sacht
ein Sternenfünklein
zu dir herab.*

*Er schenkt uns allen
– ob groß, ob klein –
einen süßen Traum so fein.*

*Schließe schnell die Äuglein zu
und halte eine Weile Ruh'.*

*Welches Fünklein bei dir munkelt,
welcher Traum so heimlich funkelt.
Augen auf – schaut alle her.
ich träumte ... – das gefiel mir sehr.*

Fröschlein Hüppe-Hüpp

Anzahl: 4–5 Paare
Alter: ab 4 Jahre
Material: pro Paar eine Decke oder Matte
Förderziel: ▸ Eigen- und Fremdwahrnehmung

Bei dieser Partnermassage finden sich die Kinder zunächst zu Paaren zusammen. Ein Kind legt sich bäuchlings auf eine Decke oder Matte und entspannt sich, das andere kniet sich daneben.
Zu den folgenden, von der Spielleitung vorgetragenen Versen massiert das kniende Kind den Rücken des anderen in der beschriebenen Weise.

Hüpft das Fröschlein Hüppe-Hüpp einmal vor und dann zurück.	Mit den Fingern auf dem Rücken vor- und zurückspringen.
Springt die Springmaus Kunigunde schnell im Kreis mal eine Runde.	Finger hüpft im Kreis.
Schleicht die Schnecke Fridolin einmal her – und einmal hin.	Die Hand bewegt sich langsam nach rechts und links.
Aber Charly, unser Floh, der macht einfach sooo: __	Kleine Fingerbewegungen, Kinder denken sich selbst etwas aus, z. B. Kitzeln.

Spiele zur Konzentrationsförderung

Jeder kennt Situationen, in denen Kinder derart unkonzentriert sind, dass sie selbst in ein Spiel kaum integriert werden können. So lange dies auf einen vorübergehenden Zustand der Erschöpfung zurückzuführen ist, ist das vollkommen natürlich und kein Grund zur Sorge. Problematisch wird es jedoch, wenn Konzentrationsschwächen dauerhaft auftreten. Zu sel-tene Entspannungsphasen, aber auch zu früher und unkontrollierter Medienkonsum sind oft die Ursachen für gravierende Konzentrationsmängel. Diese äußern sich meist in einer nicht hinreichend selektiven und bewussten Verarbeitung von Wahrnehmungen, unzureichender Gedächtnisfunktion und entsprechend unausgeprägter Zielgerichtetheit des Verhaltens.

Einige der häufigsten Symptome sind:
▸ Schwierigkeiten beim Erkennen und Anwenden von Reihenfolgen
▸ Sprunghaftigkeit
▸ Probleme beim Unterscheiden des Wesentlichen vom Unwesentlichen
▸ Überdrehtsein
▸ Antriebsschwäche und Interesselosigkeit

Mit den Wahrnehmungs-, Koordinations-, Reaktions-, Mal- und Bewegungsspielen dieses Kapitels werden auf unterhaltsame und spannende Weise schwerpunktmäßig folgende Fähigkeiten eingeübt und trainiert:
▸ Erkenntnis der Prioritäten
▸ Selbstdisziplin und -kontrolle
▸ Entwicklung chronologischer Handlungsabläufe
▸ Balance zwischen Impulsivität und Reflexivität
▸ situationsorientierte Reizselektion
▸ Figur-Hintergrund-Wahrnehmung

Für jede bewusste Selbststeuerung ist es unerlässlich, die gleichzeitig einströmenden Reize zu ordnen, um auswählen zu können. Nur wer jeweils überzeugende Prioritäten setzt, kann seine Aufmerksamkeit auf die Beurteilung der wesentlichen und unwesentlichen Details lenken – was wiederum die Voraussetzung dafür ist, um Handlungen geplant und zielgerichtet auszuführen.

Die Spiele dieses Kapitels sind so angelegt, dass die Konzentrationsphasen nach und nach verlängert und die zu verarbeitenden Situationen zunehmend komplexer gestaltet werden können, um die zielgerichtete Aufmerksamkeit zu fördern.

Je nach Situation kann es sinnvoll sein, mit einigen Entspannungsspielen aus dem vorangegangenen Kapitel die atmosphärischen Voraussetzungen für die nun folgenden Spiele zu schaffen.

Konzentration   31

Die Schatzstraße

Anzahl: 6–8 Kinder
Alter: ab 4 Jahre
Material: kleine Naturgegenstände wie z. B. Blätter, Tannenzapfen, Steine oder Zweige
Förderziele:
- vergleichen, abwägen und entscheiden
- kognitive Entwicklung
- Wahrnehmungssensibilisierung

Auf einem Spaziergang im Wald oder Park sammeln die Kinder unterschiedliche Gegenstände, die für sie geheimnisvolle und wertvolle Schätze der Natur darstellen.

Für das Spiel wählt jedes Kind drei seiner Schätze aus.

Die Spielleitung bespricht mit den Kindern die Eigenschaften der Gegenstände und prüft, ob sie im Sinne des Spiels zueinander passen.

Die Kinder setzen sich in einem Kreis zusammen, und ein Kind legt einen seiner Schätze in die Mitte.

Das im Uhrzeigersinn nächste Kind, das einen Schatz besitzt, der ein gemeinsames Merkmal mit dem vorherigen aufweist, wie z. B. Art, Form oder Farbe, darf diesen an den ersten anlegen. Nach und nach entsteht auf diese Weise eine große Schatzstraße.

Während des Spiels müssen die Kinder ihre Schätze gut im Blick behalten, denn am Ende hält die Spielleitung, die ebenfalls den Überblick behalten sollte, jeden Schatz einzeln hoch und fragt, wem er gehört.

Der Zirkusclown August

BASTELANLEITUNG

Material: Fotokarton, Bleistift, Fingerfarben oder Wachsstifte, Schere, Klebstoff, Zirkel, Musterklammer

Den auf der nächsten Seite abgebildeten Clown August auf DIN-A3-Format hochkopieren. Die Umrisse des August ohne die gehaltene Scheibe auf Fotokarton übertragen. Der komplette August sollte insgesamt 30–40 cm groß sein. Den August ausschneiden und lustig bemalen. Zwei gleich große Pappscheiben von einem Durchmesser, der zum angedeuteten Kreis der ausgestreckten Clownarme passt, auf Fotokarton zeichnen und ausschneiden. Beide Scheiben aufeinander legen und genau in der Mitte mit einer kleinen Öffnung versehen. Hintereinander gelegt stellen die beiden Scheiben den Kreis der jonglierten Bälle dar. Die vordere Scheibe nach Belieben bunt bemalen. Auf der oberen Hälfte in gleichmäßigem Abstand fünf gleich große Kreise aufzeichnen und ausschneiden. Nun die vordere auf die hintere Scheibe legen und die Lochumrisse mit Bleistift einmal auf die obere und einmal auf die untere Hälfte der hinteren Scheibe übertragen, so dass auf der hinteren Scheibe schließlich zehn Kreise in gleichmäßigem Abstand voneinander entfernt zu sehen sind (siehe nebenstehende Abbildung). Diese Kreise in fünf verschiedenen Farben in beliebiger Reihenfolge etwas über die vorgezeichneten Umrisse hinaus ausmalen. Die Scheibe mit den Farbkreisen hinter die Scheibe mit den Löchern halten und mithilfe einer Musterklammer, die durch die Mittelöffnungen geführt wird, miteinander verbinden. Die Scheibe mit den Löchern so an den August kleben, dass es aussieht, als würde er mit bunten Bällen jonglieren. Durch Drehen der hinteren Scheibe ändert sich die Farbreihenfolge der Bälle.

TIPP

Es empfiehlt sich, mehrere hintere Scheiben mit unterschiedlichen Farben und Farbfolgen anzufertigen, um mehr Abwechslung bieten zu können. Durch die auf der Rückseite des August jederzeit zu öffnende Musterklammer lassen sich die verschiedenen Scheiben leicht austauschen.

August, der Jongleur

Anzahl:	6–8 Kinder
Alter:	ab 4 Jahre
Material:	ein August, für jede Gruppe Chiffontücher in den Farben von Augusts Bällen, Malpapier, Buntstifte
Musik:	Bewegungsmusik, z. B. „Kindertänze" – Kassette 2, Fidula Fon
Förderziele:	▸ kognitive Entwicklung
	▸ Wahrnehmungsdifferenzierung
	▸ Körperwahrnehmung
	▸ Reaktionsvermögen
	▸ Koordinationsfähigkeit

Die Kinder finden sich zu zweit oder dritt in Kleingruppen zusammen.

Die Spielleitung legt Chiffontücher in den Farben von Augusts Bällen in die Mitte des Raums, für jeden bunten Ball auf Augusts Palette je ein entsprechend farbiges Tuch pro Gruppe.

Nachdem die Kinder ein wenig mit den Tüchern experimentiert und sich mit dem Material vertraut gemacht haben, dreht die Spielleitung an Antons hinterer Scheibe und stellt eine Farbkombination aus fünf Bällen ein. Die Kinder merken sich die Reihenfolge der Farben und legen diese in den Gruppen aus dem Gedächtnis mit den entsprechend farbigen Chiffontüchern nach.

Der Zirkusclown August

VARIANTEN

▸▸ Jedes Kind malt für sich die Reihenfolge der bunten Bälle auf ein Blatt Papier.

▸▸ Wenn die Kinder mit Augusts Farbpalette vertraut sind, geben sie malend oder durch Legen von Chiffontüchern Tipps ab, welcher Ball als nächster rechts außen über Augusts Hand erscheinen wird.

Kapellmeister August

Anzahl:	6–8 Kinder
Alter:	ab 4 Jahre
Material:	ein August
Musik:	Klanghölzer, Becken, Triangel, Rassel, Handtrommel
Förderziele:	▸ kognitive Entwicklung
	▸ Wahrnehmungsdifferenzierung
	▸ Körperwahrnehmung
	▸ Reaktionsvermögen
	▸ Koordinationsfähigkeit

Gemeinsam mit der Spielleitung ordnen die Kinder den Farben von Augusts Bällen unterschiedliche Bewegungen und Instrumente zu, etwa:

Rot = Laufen = Klanghölzer,
Blau = Schleichen = Becken,
Gelb = Auf- und abhüpfen = Rassel,
Grün = die Arme bewegen = Triangel,
Orange = im Rhythmus der Musik gehen = Handtrommel.

Ein Kind dreht die hintere Scheibe des Augusts und stellt eine neue Farbkombination ein. Es hält den August so, dass ihn alle sehen können. Entsprechend der Farbe des rechts außen über Augusts Hand sichtbaren Balls bewegen sich die Kinder durch den Raum.
Die Spielleitung begleitet die Bewegungen mit dem der Farbe zugeordneten Instrument.

Durch ein zuvor vereinbartes musikalisches Signal beendet die Spielleitung die Runde. Nun nimmt das nächste Kind den August und stellt eine neue Farbe ein.
Das Spiel ist zu Ende, wenn jedes Kind einmal eine Farbe eingestellt hat.

VARIANTEN

Alter: ab 5 Jahre

▸▸ Die Kinder prägen sich die Reihenfolge aller fünf Bälle ein und setzen sie der Reihe nach in die entsprechenden Bewegungen um. Die Kinder verabreden den Zeitpunkt des Wechsels von einer Bewegungsart zur nächsten selbst oder bekommen ihn durch ein musikalisches Signal von der Spielleitung angezeigt. Diese unterstützt die richtigen Bewegungen, indem sie auf den Instrumenten musiziert, die den jeweiligen Farben zugeordnet sind.

▸▸ Die Kinder geben Tipps ab, welche Farbe als nächste rechts außen über Augusts Hand erscheint, wenn einfach oder in anderer verabredeter Weise (z. B. erst einen Ball überspringen, dann zwei usw.) weitergedreht wird. Sie zeigen ihre Vermutung mit der zugehörigen Bewegung an.
Die Spielleitung begleitet die richtige Lösung auf dem der jeweiligen Farbe zugeordneten Instrument.
Haben die Kinder falsch geraten, führt die Spielleitung sie nach einer auffälligen Pause durch Anspielen des richtigen Instruments zur entsprechenden Bewegung.

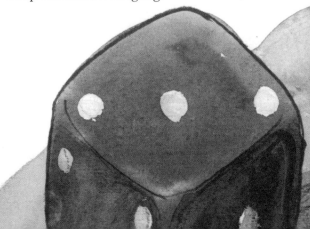

Konzentration

Würfelspiele

Bei den folgenden musikalisch begleiteten Würfelspielen geht es darum, die geworfene Augenzahl in verschiedener Weise grobmotorisch umzusetzen. Am besten wird mit einem großen Schaumstoffwürfel gewürfelt, aber natürlich kann auch ein normaler Würfel verwendet werden.

Die einleitenden Angaben zu den Voraussetzungen für die Spiele bleiben weitestgehen dieselben. Daher sind sie bereits an dieser Stelle vermerkt. Eventuelle Zusätze zu diesen Angaben finden sich jeweils zu Beginn der einzelnen Spiele.

Anzahl: 8–12 Kinder
Alter: ab 5 Jahre
Material: ein großer Schaumstoffwürfel oder ein normaler Würfel
Förderziele:
- kognitive Entwicklung
- eine eigene Lösung präsentieren und vertreten
- Koordinationsfähigkeit
- Reaktionsvermögen

Der Würfel

Die Spielleitung würfelt eine Zahl.
Die Kinder finden sich zu entsprechend großen Gruppen zusammen und stellen die gewürfelte Zahl in einer freien Formation optisch dar. Wenn z. B. die 3 fällt, halten sich drei Kinder an der Hand, legen sich nebeneinander oder zu einem Dreieck auf den Boden.

VARIANTEN

▸ Die gewürfelte Zahl wird durch entsprechend viele Kinder genau so dargestellt wie die Augen auf dem Würfel angeordnet sind. Fällt beispielsweise die 3, halten sich drei Kinder an der Hand und bilden eine Diagonale.

▸ Die Kinder stellen die gewürfelte Zahl in einer entsprechend großen Gruppe als Personenkonstellation ähnlich einer Statuengruppe dar, in der ein Moment aus einer fortlaufenden Geschichte gewissermaßen eingefroren ist. Die Kinder denken sich gemeinsam eine kleine Hintergrundgeschichte zu dem von ihnen dargestellten Standbild aus und erzählen sie.

Konzentration

Zahlentanz

Musik: Bewegungsmusik

Gemeinsam mit der Spielleitung ordnen die Kinder drei verschiedenen Zahlen jeweils eine Bewegungsart zu, z. B.

4 = Seitgalopp,
5 = rückwärts gehen,
6 = Entengang.

Die Spielleitung legt eine beliebige Bewegungsmusik auf, und die Kinder bewegen sich dazu frei durch den Raum.
Etwa alle 20 Sekunden nimmt die Spielleitung oder abwechselnd eines der Kinder den Würfel und wirft ihn. Wird eine der verabredeten Zahlen gewürfelt, führen die Kinder die entsprechende Bewegung aus.
Wenn eine der Zahlen fällt, der keine Bewegung zugeordnet ist, setzen die Kinder die momentane Bewegung fort.

Was der Würfel nicht zeigt

Alter: ab 6 Jahre
Musik: Bewegungsmusik

Die Spielleitung zeigt den Kindern, dass die Summe der Augen auf den gegenüberliegenden Seiten eines Würfels immer sieben ist.
Die Kinder bewegen sich zur Musik im Raum. Nach einiger Zeit unterbricht die Spielleitung die Musik und würfelt zu folgendem Vers:

Ich würfle jetzt mit Schwung –
schon liegt der Würfel stumm.
Aber der Würfel verschweigt,
was die Unterseite zeigt.

Die Kinder rufen laut aus, welche Zahl sich auf der Unterseite des Würfels befindet.

VARIANTEN

▸ Die Kinder teilen die Lösung durch die Bildung einer Formation mit (s. S. 35).

▸ Das Resultat wird durch zuvor festgelegte Körperhaltungen angezeigt (s. S. 37).

Konzentration

Zahlenakrobatik

Zusammen mit der Spielleitung ordnen die Kinder allen Würfelzahlen verschiedene Körperhaltungen zu, z. B.

1 = ausgestreckt liegen,
2 = auf den Fersen vornüber gebückt sitzen,
3 = auf dem Rücken liegen und Beine in die Luft strecken,
4 = Hocksitz,
5 = stehend mit den Fingerspitzen den Boden berühren,
6 = mit ausgestreckten Armen aufrecht stehen.

Die verabredeten Bewegungen werden zu dem unten stehenden Lied ausgeführt.
Der Reihe nach würfelt immer ein Kind nach dem ersten Vers.
Das Würfelergebnis gibt die von allen Kindern einzunehmende Körperhaltung an.
Zum letzten Vers werden alle Körperhaltungen nacheinander eingenommen.

Würfel, Würfel, zeig uns deine Zahl,
ja, wir wissen, wir haben keine Wahl!
Punkte hast du viele, Augen bis zu sechs
1 2 3 4 5 und 6.

Marienkäferspiele

BASTELANLEITUNG

Die folgende Auflistung gibt einen Überblick über alle Materialien, die für sämtliche im Anschluss vorgestellten Marienkäferspiele benötigt werden. Es empfiehlt sich, mit der Zeit alle diese Materialien herzustellen. Der Herstellungsaufwand für die einzelnen Spiele, zu denen genau vermerkt ist, was erforderlich ist, ist jedoch gering.

▶▶ *Kopiervorlage 1: Ein DIN A4-Blatt mit 18 aufgezeichneten Marienkäferumrissen. Zwei bis drei Käfer werden jeweils mit derselben Anzahl an Punkten versehen, die das Alter der Käfer anzeigen, wobei sechs Jahre das Höchstalter ist. Alle Altersstufen zwischen ein und sechs Jahren sollten mindestens zweimal vertreten sein.*

▶▶ *Kopiervorlage 2: Wie Kopiervorlage 1, nur dass die Umrisse der Käfer ihrem Alter entsprechend unterschiedlich groß gestaltet sind. Die jüngeren Käfer sind kleiner als die älteren.*

▶▶ *Kopiervorlage 3: Ein DIN A4-Blatt mit 18 aufgezeichneten Marienkäferumrissen, jedoch ohne Punkte.*

▶▶ *Holz-, Papp- oder Stoffkäfer: Etwa 18 faust- bis handballgroße Marienkäfer herstellen und entsprechend der Kopiervorlage 1 mit Punkten versehen.*

▶▶ *Große Marienkäfer-Karten: Eine DIN A4-Kopiervorlage mit zwei Marienkäferumrissen herstellen und zehnmal vervielfältigen. Die Kopien in der Mitte durchschneiden, so dass 20 Marienkäfer-Karten in DIN A5-Format entstehen. Zu jeder Altersstufe zwischen zwei und sechs Jahren jeweils vier Karten anfertigen, die durch entsprechend viele Punkte gekennzeichnet sind.*

▶▶ *Stein-Marienkäfer: 20 faustgroße Steine sammeln und mithilfe von Plaka- oder Lackfarben mit zwei bis sechs Punkten versehen, jeweils vier pro Jahrgang.*

▶▶ *Kleine Marienkäfer-Karten: Eine DIN A4-Kopiervorlage mit zehn Marienkäferumrissen, die fortlaufend mit ein bis zehn Punkten versehen sind, sechsmal vervielfältigen. Die Kopien so zuschneiden, dass zwölf spielkartengroße Kärtchen entstehen. Um den Karten größere Stabilität und Haltbarkeit zu verleihen, empfiehlt es sich, sie auf Fotokarton zu kleben oder zu laminieren.*

Die Marienkäfer-Familie

Anzahl:	6–8 Kinder
Alter:	ab 6 Jahre
Material:	pro Kind ein Abzug der Marienkäfer-Kopiervorlage 1 oder 2 und ein Stift
Förderziele:	▸ Reihenfolgen erkennen
	▸ Zählen lernen
	▸ kognitive Entwicklung
	▸ Feinmotorik

Die Spielleitung gibt jedem Kind eine Kopie und einen Stift und erklärt den Kindern, dass sie das Alter der abgebildeten Marienkäfer durch die Punkte auf deren Rücken feststellen können.

Die Kinder zählen die Punkte der Käfer ab, um herauszufinden, welches die ältesten und welches die jüngsten Marienkäfer sind.

▶▶ Mit Bleistiftstrichen verbinden sie alle gleichaltrigen Marienkäfer.

▶▶ Oder sie verbinden in einer durchgehenden Linie vom jüngsten bis zum ältesten alle Käfer miteinander.

HINWEIS

Für jüngere Kinder ist es hilfreich, mit Abzügen der Kopiervorlage 2 zu spielen, da hier die Größenunterschiede der Käfer deren Altersunterschiede zusätzlich zu den Punkten verdeutlichen.

Konzentration

VARIANTE

Die große Marienkäfer-Familie

Material: Käfer aus Holz, Stoff oder Pappe, bunte Seile

Das Spiel kann auch in die Grobmotorik umgesetzt werden. Dazu werden große, verschieden gepunktete Käfer benötigt, die aus bemaltem Holz, Stoff oder Pappe leicht selbst hergestellt werden können (s. S. 38).
Die Spielleitung verteilt die Marienkäfer im Raum.

▸▸ Die Kinder verbinden die Käfer gleichen Alters mit bunten Seilen, wobei jede Farbe einem Jahrgang zugeordnet ist.

▸▸ Oder die Käfer werden in der Reihenfolge ihres Alters so verbunden, dass eine lange, gewundene Kette entsteht.

Die Aufgaben können in der Gruppe gelöst werden oder der Reihe nach, wobei jedes Kind je ein Seil legt.

Marienkäfertanz

Anzahl: 6–12 Kinder
Alter: ab 5 Jahre
Material: 20 große Marienkäfer-Karten
Musik: C-Blockflöte oder Bewegungsmusik
Förderziele:
▸ Zählen lernen
▸ Balance zwischen Impulsivität und Reflexivität
▸ Reaktionsvermögen
▸ Orientierung im Raum
▸ Interaktionsfähigkeit
▸ Bewegungsfantasie

Die Spielleitung stellt 20 große Marienkäfer-Karten her und breitet sie aufgedeckt vor sich aus.
Zu einer beschwingten Musik, die die Spielleitung entweder einspielt oder selbst auf einer Blockflöte improvisiert, bewegen sich die Kinder durch den Raum.
Wenn die Musik aufhört, bleiben die Kinder an ihren jeweiligen Plätzen stehen, und die Spielleitung zeigt auf eine der Käfer-Karten. Entsprechend der Anzahl der auf dieser Karte abgebildeten Käfer-Alterspunkte bilden die Kinder Gruppen. Dabei nehmen sie sich entweder an der Hand, bilden einen Kreis oder stellen eine beliebige Formation dar.
Mit dem Neueinsetzen der Musik lösen sich die Gruppen auf, und das Spiel beginnt von vorn.

TIPP

Da die Einteilung in gleich große Gruppen selten aufgeht, ist es ratsam, auf zwei oder drei Käfer-Kärtchen zu zeigen, damit sich alle Kinder auf eine Gruppe in der geforderten Größe verteilen können. Darauf kann jedoch verzichtet werden, sofern die Aufgabe auch dann als gelöst gilt, wenn die Kinder der unvollständigen Gruppe sagen können, wie viele Kinder ihnen zur Lösung der gestellten Aufgabe noch fehlen.

VARIANTEN

Würfel-Käfer-Tanz

Alter: ab 6 Jahre
Material: ein großer Schaumstoff-Würfel

Statt sich im Kreis oder in einer freien Formation entsprechend der Anzahl der Käfer-Alterspunkte aufzustellen, positionieren sich die Kinder in den Gruppen entsprechend der Anordnung der Augen auf einem Würfel.
Zur Veranschaulichung empfiehlt es sich, die Anordnung der Augenzahlen zuvor mit Hilfe eines großen Schaumstoff-Würfels zu besprechen.

Stein-Käfer-Tanz

Material: 20 Stein-Marienkäfer

Die Spielleitung stellt 20 Stein-Käfer her (s. S. 38)
Der Spielablauf erfolgt wie beim „Marienkäfertanz" (s. S. 39), nur dass statt der Karten selbst hergestellte Stein-Käfer benutzt werden, um die Aufgabe zu stellen.

Die gleichaltrigen Marienkäfer

Anzahl: 6–10 Kinder
Alter: ab 4 Jahre
Material: pro Kind sechs kleine Marienkäfer-Karten einer Altersstufe
Förderziele:
▸ Gedächtnistraining
▸ Zählen lernen
▸ Selbstdisziplin

Die Spielleitung stellt pro teilnehmendem Kind sechs kleine Marienkäfer-Karten einer Altersstufe her. Wenn z.B. acht Kinder teilnehmen, müssen die ältesten Käfer acht Jahre alt sein und durch ebenso viele Punkte gekennzeichnet werden. Somit wären dann acht mal sechs Karten im Spiel, also insgesamt 48.
Von jeder Altersstufe sortiert die Spielleitung eine Karte aus. Die restlichen Karten mischt sie und verteilt sie in kleinen, etwa gleich großen Haufen auf dem Boden im ganzen Raum.
Jedes Kind erhält eine der zurückbehaltenen Käfer-Karten und bekommt somit einen Jahrgang zugeteilt.
Die Kinder zählen die Alterspunkte ihrer Käfer und sammeln die gleichaltrigen aus den verschiedenen Kartenhäufchen zusammen.

Wie alt ist der Marienkäfer?

Anzahl: 3–6 Paare
Alter: ab 5 Jahre
Material: pro Paar ein Abzug der Marienkäfer-Kopiervorlage 3 (s. S. 38) und ein Stift
Musik: pro Paar ein Klangbaustein und ein Schlegel
Förderziele:
▸ Zählen lernen über akustische Wahrnehmung
▸ Balance zwischen Impulsivität und Reflexivität

Die Kinder finden sich zu Paaren zusammen. Die Spielleitung verteilt pro Paar ein Marienkäferblatt, einen Stift, einen Klangbaustein und einen Schlegel, wobei ein Kind die Malutensilien erhält, das andere die Instrumente. Das Kind mit den Stiften fragt sein Gegenüber: „Wie alt ist der Marienkäfer?"
Das andere Kind antwortet, indem es für jedes Jahr einmal auf den Klangbaustein schlägt.
Das erste Kind zählt die Schläge mit und malt für jedes Jahr einen dicken schwarzen Punkt auf den Rücken eines Marienkäfers.
Nach jedem Durchgang tauschen die Kinder die Spielutensilien und die Rollen.

TIPP
Es ist ratsam, das Käfer-Alter auf maximal zehn Jahre zu beschränken.

Die bunten Marienkäfer

Anzahl: 3–5 Kinder
Alter: ab 4 Jahre
Material: pro Kind ein Abzug der Marienkäfer-Kopiervorlage 1 (s. S. 38), ein Würfel, Buntstifte
Förderziele:
▸ zählen lernen
▸ Überblick behalten
▸ Feinmotorik

Jedes Kind erhält einige Buntstifte und einen Abzug der Marienkäfer-Kopiervorlage 1.
Das jüngste Kind beginnt zu würfeln.
Das Ergebnis des Wurfs bestimmt, welchen Käfer die Kinder auf ihrem Blatt ausmalen dürfen. Wird z. B. eine 3 gewürfelt, sucht sich jedes Kind auf seinem Blatt einen Marienkäfer mit drei Punkten und malt ihn aus.
Mit dem Würfeln wechseln sich die Kinder der Reihe nach ab, bis kein unbemalter Käfer mehr übrig ist.
Wenn eine Zahl gewürfelt wird, zu der bereits alle Käfer im entsprechenden Alter ausgemalt sind, entscheiden die Kinder gemeinsam, welcher Käfer stattdessen ausgemalt werden darf oder ob neu gewürfelt werden soll.

VARIANTE

Nur das würfelnde Kind malt einen Käfer aus. Wenn es eine Zahl würfelt, zu der keine auszumalenden Käfer im entsprechenden Alter mehr vorhanden sind, kommt es mit dem Ausmalen in dieser Runde nicht weiter, und das nächste Kind darf würfeln.

Bau- und Schmück-Spiele

Die folgenden Spiele eignen sich wegen des Weihnachtsthemas vor allem für die Winterzeit. Sie können aber auch als Modell genutzt und auf andere jahreszeitliche oder zeitlose Themen- und Bildbereiche übertragen werden. Hinweise dazu finden sich jeweils am Ende der einzelnen Spiele.

Den Tannenbaum schmücken

Anzahl: 6–8 Kinder
Alter: ab 5 Jahre
Material: Seile, ca. 50 runde Pappscheiben in drei verschiedenen Farben
Musik: Metallophon
Förderziele:
▸ Prioritäten erkennen
▸ Überblick behalten
▸ Organisieren üben
▸ akustische Wahrnehmungsdifferenzierung
▸ Kooperation

Die Spielleitung legt mit Seilen auf dem Boden in der Raummitte die Form eines großen Tannenbaums. In den Zimmerecken legt sie unsortiert runde Pappscheiben in drei verschiedenen Farben aus. Die Kinder sollen den Tannenbaum mit den bunten Scheiben, die die Christbaumkugeln darstellen, schmücken. Die Farbe der jeweils zu benutzenden Kugeln wird akustisch signalisiert.

Die Spielleitung spielt zunächst auf dem Metallophon hohe, mittlere und tiefe Töne an und legt gemeinsam mit den Kindern fest, welche der drei Farben den einzelnen drei Tonlagen zugeordnet werden soll, z. B.

Gelb = hohe Tonlage,
Rot = mittlere Tonlage,
Blau = tiefe Tonlage.

Das Spiel beginnt, indem sich die Kinder zu den improvisierten Klängen frei durch den Raum bewegen.
Wird die Musik unterbrochen, holt jedes Kind eine dem letzten improvisierten Klang zugeordnete farbige Scheibe und schmückt damit nach Belieben den Tannenbaum.
Wenn das instrumentale Spiel wieder einsetzt, beginnt die zweite Runde. Nach und nach wird der Weihnachtsbaum immer bunter und voller.

Konzentration

VARIANTE

▸▸ Die Wahl der Farbe ist freigestellt. Die Tonlage gibt nun vor, welche Ebene des Baums geschmückt werden soll. Dabei entsprechen die drei Tonlagen dem oberen, mittleren und unteren Bereich des Tannenbaums.

ERWEITERUNGEN

Das Basisspiel lässt sich durch die Anzahl der vorgegebenen oder freigestellten Aktionen individuell anpassen. Um das Spiel für ältere Kinder komplexer und anspruchsvoller zu gestalten, kann die Anzahl der miteinander verbundenen Aktionen erhöht werden.

▸▸ Die bereits bekannten, durch die Tonlage vorgegebenen Elemente Farbe und Baumbereich werden gemeinsam verwendet, d. h. die Tonlage bestimmt Farbe und Baumbereich.

▸▸ Als alternatives oder zusätzliches Element wird auch die Bewegungsweise im Raum durch die Tonlage vorgegeben. Dabei entsprechen hohe Töne einer aufrechten Körperhaltung, mittlere einer gebückten und tiefe einer krabbelnden.

▸▸ In der komplexesten Variante bestimmt das instrumentale Spiel zunächst durch den Wechsel der Tonlagen den Wechsel der unterschiedlichen Bewegungsarten (Tonlage entspricht Ebene im Raum). Der letzte erklingende Ton bestimmt die Farbe der Kugeln und den zu schmückenden Baumbereich, wobei die gleichfarbigen Kugeln einer Baumebene durch verschiedene Muster unterschiedlich gestaltet werden sollten.

Alternative Themen- und Bildideen:
z. B. Maibaum, Blumenstrauß, bunte Pyramide

Nussschalen-Memory

Anzahl:	3–6 Kinder
Alter:	ab 6 Jahre
Material:	20–30 Walnusshälften (oder z. B. Keks- oder Apfelhälften)
Förderziele:	▸ kognitive Entwicklung
	▸ Balance zwischen Impulsivität und Reflexivität
	▸ Vorstellungsvermögen
	▸ Wahrnehmungsdifferenzierung

Die Spielleitung teilt vorsichtig mit einem Messer Walnüsse und sammelt getrennt etwa 20–30 heil gebliebene Schalenhälften und die Kerne. Die Nussschalen werden gut gemischt und auf einem Tuch ausgebreitet.
Jedes Kind erhält eine Nussschalenhälfte und sucht nun die passende zweite Hälfte aus der Menge heraus.
Wer eine Nussschale komplett hat, zieht eine neue Hälfte.
Wenn alle hohlen Nüsse wieder zusammengefügt sind, endet das Spiel mit dem gemeinsamen Essen der Kerne.

Die Geschenke des Weihnachtsmanns

Anzahl:	6–8 Kinder
Alter:	ab 5 Jahre
Material:	Buntstifte, pro Kind eine vergrößerte Kopie der auf der rechten Seite abgebildeten Kopiervorlage „Nikolaus mit Geschenkeschlitten"
Musik:	z. B. Bass-Xylophon, Alt-Metallophon und Sopran-Glockenspiel
Förderziele:	▸ Entwicklung chronologischer Handlungsabläufe ▸ akustische und visuelle Wahrnehmungssensibilisierung

Die Spielleitung vergrößert die abgebildete Kopiervorlage und stellt für jedes Kind einen Abzug her.

Die Spielleitung erzählt den Kindern eine kurze Geschichte vom Weihnachtsmann, dem das Geschenkpapier ausgegangen ist und dem die Kinder nun dabei helfen sollen, die Geschenkpakete bunt zu gestalten.

Bei diesem Hörrätsel-Spiel geht es darum, Töne in einer zuvor festgelegten Weise grafisch umzusetzen. Die Spielleitung spielt auf drei Instrumenten, die sich durch ihre charakteristischen Tonlagen deutlich voneinander unterscheiden. Mit den jeweiligen Instrumenten und ihren Klangcharakteren sind bestimmte Aktionen verbunden. Den Tonlagen bzw. Instrumenten ordnen die Kinder entsprechende Stapellagen auf dem Geschenkeschlitten zu, z. B.:

Xylophon (tiefe Tonlage) = untere Pakete,
Metallophon (mittlere Tonlage) = mittlere Pakete,
Glockenspiel (hohe Tonlage) = obere Pakete.

Jedes Kind erhält eine Kopie und Farbstifte.
Die Spielleitung improvisiert auf den Instrumenten.
Wenn sie fragt: „Welche Farbe hat das nächste Paket?", malen die Kinder entsprechend der Tonlage des gerade gespielten Instruments ein Paket in der passenden Lage aus.
Nachdem alle Kinder mit dem ersten Paket fertig sind, beginnt die zweite Runde.
Am Ende hat jedes Kind einen schönen bunten Geschenkeschlitten.

Konzentration

VARIANTEN

Der Geschenkeschlitten

Material: Schachteln, Packpapier, Klebstoff, Wasser- oder Plakafarben

Aus Schachteln und kleinen Kartons werden mit Packpapier beklebte Geschenkpakete gebastelt und bunt angemalt.

Zur improvisierten Musik der Spielleitung stapeln die Kinder die Päckchen nacheinander jeweils auf die Ebene eines imaginären im Raum stehenden Schlittens, die durch die Tonlage vorgegeben wird. Dabei soll ein möglichst farbenfroher Paketstapel entstehen.

Die Spielleitung muss darauf achten, dass die Tonlagen den Erfordernissen des Stapelns angepasst sind, so dass zuerst einige untere und mittlere Pakete auf den Schlitten gepackt werden.

Die Spielentscheidungen können von der ganzen Gruppe getroffen werden oder der Reihe nach von den einzelnen Kindern .

Der Riesenschlitten

Material: Tapete, Fingerfarben

Auf einer an der Wand befestigten Tapetenbahn wird ein riesiger Schlitten aufgemalt. Zur Musik malen die Kinder der Reihe nach oder alle gemeinsam frei nach ihren Höreindrücken die Pakete hinzu und gestalten sie farbig.

Alternative Themen- und Bildideen:
z. B. der Hausbau, die bunte Mauer, ein Stapel Geburtstagsgeschenke, Pakete des Briefträgers

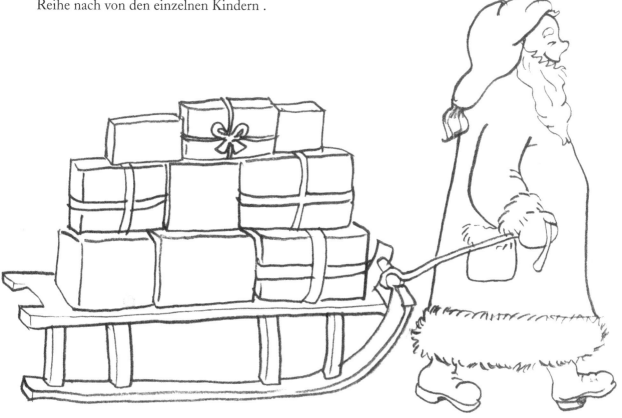

Spiele zur Wahrnehmungsdifferenzierung

Wenn Kinder ihnen gestellte Aufgaben falsch ausführen, etwa wenn man sie bittet, ein Spielzeug vom Boden aufzuheben und auf den Tisch zu legen, wenn sie ungeschickt malen und basteln oder etwas falsch herum machen, etwa Bilderbücher von rechts nach links oder auf dem Kopf stehend anschauen, dann vermuten wir hinter den falschen Reaktionen und dem unangepassten Verhalten oft allzu leichtfertig, dass die Kinder trotzig sind und es einfach nicht richtig machen wollen. Häufig liegt dem scheinbaren Unwillen jedoch Unvermögen zugrunde, weil sie nicht verstehen können, was von ihnen erwartet wird, und deshalb nicht adäquat handeln können. Kinder können ihre Umwelt zunächst nicht anders als über ihre Sinne begreifen. Besonders die taktile, visuelle und akustische Wahrnehmung und Erfahrung bilden die Voraussetzung für die kognitive Verarbeitung und das Benennen der Gegenstände. Wenn aber beispielsweise unkontrollierte Reizüberflutung verhindert, dass die Kinder einzelne Reize sortieren können, um gezielt darauf zu reagieren, dann ist mit dem Wahrnehmungs-Reaktions-Kreislauf auch die kognitive Entwicklung stark beeinträchtigt. Dem Übermaß an Input steht kein entsprechender Output, keine Aneignung und produktive Verarbeitung des Einströmenden gegenüber. Die Sinnesreize bilden lediglich eine Masse undifferenzierter Informationen. Das extreme Gegenteil, die Verhinderung vielfältiger sinnlicher Erfahrungen, trägt ebenso zu Defiziten in der Wahrnehmungsdifferenzierung bei.

Einige der häufigsten Symptome sind:
- unzureichendes Erkennen akustischer Signale, z. B. beim Richtungshören
- gering ausgeprägtes taktiles Differenzierungsvermögen, z. B. beim Tastmemoryspiel
- ungenügendes visuelles Differenzierungsvermögen, das Kind kann z. B. Bilder nur oberflächlich betrachten und keine Übereinstimmungen oder Unterschiede in Details erkennen
- Bewegungen werden nicht exakt nachgeahmt
- schlechte Regulierung des Gleichgewichts
- schlechte Hand-Hand- und Auge-Hand-Koordination
- unzureichende feinmotorische Fähigkeiten
- Händigkeit ist nicht altersgemäß entwickelt

Mit den Lege-, Handgesten-, Reaktions-, Bewegungs- und Malspielen in diesem Kapitel sollen differenzierte Sinneserfahrungen in den einzelnen sensualen Bereichen gefördert werden. Die Förderung richtet sich insbesondere auf:
- Reizselektion und -verarbeitung durch gezielte Reaktion
- Differenzierung taktiler, visueller, akustischer und olfaktorischer Reize
- Zusammenspiel verschiedener Sinnesorgane
- fein- und grobmotorische Umsetzung von Sinneserfahrungen
- Körperkontrolle und Kraftdosierung

Wahrnehmung, Denken und Sprache sind auf das Engste miteinander verbunden. Eine wichtige Voraussetzung für die gesunde Entwicklung ist die aktive Wechselbeziehung zwischen Wahrnehmung und Handlung, aus der konkrete Erfolge der Reizverarbeitung resultieren. Im Zentrum der nun folgenden Spiele steht deshalb zum einen die Umsetzung aufgenommener Sinnesreize in kontrollierte oder die Kreativität fördernde assoziierte Handlungen und zum anderen die Isolierung der einzelnen Sinnesorgane, um die differenzierte Wahrnehmung zu schulen.

Wahrnehmungsdifferenzierung

Das Röhrenspiel

Anzahl: 6–10 Kinder
Alter: ab 5 Jahre
Material: pro Kind eine Papphöhre (z. B. aus einer Fax- oder Küchenrolle), Wachsstifte
Musik: C-Blockflöte oder Triangel
Förderziele:
- Eigen- und Fremdwahrnehmung
- Orientierung in Raum und Zeit
- Bewegungsfantasie
- Körperwahrnehmung

Jedes Kind erhält eine Papphöhre und malt sie nach Lust und Laune farbig an.
Die Spielleitung musiziert auf der Blockflöte oder der Triangel.
Die Kinder bewegen sich mit ihren Röhren durch den Raum.
Stoppt die Musik, setzen sich die Kinder auf den Boden und umrollen ihren Körper mit der Röhre.
Setzt die Musik wieder ein, beginnt die nächste Runde.

VARIANTEN

» Stoppt die Musik, setzen sich die Kinder auf den Boden und umrollen mit ihren Röhren den Körperumriss des am nächsten sitzenden Kindes, das sich dazu hinlegt.

» Die Röhren werden großzügig im Raum aufgestellt und bilden einen Hindernisparcours. Die Spielleitung begleitet die Bewegungen durch den Raum auf der Flöte mit einem bekannten Kinderlied. Die Röhren werden in beliebiger Folge umrundet, wobei genau am Ende des Liedes jedes Kind wieder bei der eigenen Röhre ankommt.

» Die Kinder rollen die Röhren zur Musik durch den Raum und stoppen auf ein verabredetes akustisches Signal, z. B. Triangelschlag.

» Zur Musik macht ein Kind mit seiner Röhre eine Bewegung vor. Die anderen beobachten es durch ihre Röhren und machen die Bewegung nach. Stoppt die Musik, einigen sich die Kinder darauf, wer als nächstes eine Bewegung vormacht.

Wahrnehmungsdifferenzierung

Röhrenrollen

Anzahl:	3–5 Paare
Alter:	ab 5 Jahre
Material:	pro Kind eine Papröhre (z. B. aus einer Fax- oder Küchenrolle)
Förderziele:	▸ Eigen- und Fremdwahrnehmung
	▸ Konzentrationsfähigkeit
	▸ kognitive Entwicklung

Die Kinder finden sich zu Paaren zusammen. Der Reihe nach rollen die Paare ihre Röhren möglichst parallel durch den Raum. Die Kinder müssen sich aufeinander einstellen, damit das eine nicht das andere überholt. Zudem einigen sie sich nonverbal über die gemeinsame Richtung und erforderliche Richtungswechsel. Am Ende entscheiden alle Kinder gemeinsam, welches Paar die längste Strecke fehlerfrei zurückgelegt hat.

Röhrenkontakt

Anzahl:	6–10 Kinder
Alter:	ab 5 Jahre
Material:	pro Kind eine Papröhre (z. B. aus einer Fax- oder Küchenrolle)
Musik:	ruhige Bewegungsmusik
Förderziele:	▸ Körperwahrnehmung
	▸ Konzentrationsfähigkeit
	▸ kognitive Entwicklung

Jedes Kind erhält eine Papröhre. Die Spielleitung legt eine ruhige Bewegungsmusik auf, und die Kinder bilden Paare.
Jeweils ein Kind schließt die Augen, und das andere berührt mit seiner Röhre ganz sacht hintereinander drei Körperteile des ersten.
Das Kind mit den geschlossenen Augen benennt in der richtigen Reihenfolge alle seine Körperteile, die berührt wurden.
Beim nächsten Durchgang tauschen die Kinder die Rollen.

TIPP
Um das Spiel anspruchsvoller zu gestalten, lässt sich die Zahl der hintereinander berührten Stellen auf fünf erhöhen. Hierbei muss sich auch das berührende Kind bemühen, sich die Reihenfolge richtig einzuprägen.

Wahrnehmungsdifferenzierung

Lange Leitung

Anzahl: 6–10 Kinder
Alter: ab 5 Jahre
Material: für die Spielleitung und pro Kind eine Papröhre (z. B. aus einer Fax- oder Küchenrolle), Wachsstifte
Förderziele:
- Kooperationsfähigkeit
- konstruktives Denken
- logisches Denken

Die Kinder und die Spielleitung malen ihre Papröhren nach Lust und Laune farbig an. Aus allen Röhren soll eine lange, sich schlängelnde Leitung gelegt werden.
Die Spielleitung beginnt, indem sie ihre Röhre auf den Boden legt. An diese Röhre darf an beiden Enden angelegt werden.
Die Kinder betrachten ihre Röhren und legen eine Regel fest, die bestimmt, welches Merkmal die anzulegende Röhre aufweisen soll, z. B. eine gleiche Farbe oder ein gleiches Muster.
Die Kinder entscheiden gemeinsam, welche Röhre angelegt wird.
Die Regel wird von den Kindern nach jeder Runde neu festgelegt, so dass schließlich eine lange bunte Leitung aus allen Röhren entsteht.

Ein Wunsch frei

Anzahl: 6–10 Kinder
Alter: ab 5 Jahre
Material: pro Kind ein farbiges Seil
Förderziele:
- Konzentrationsfähigkeit
- kognitive Entwicklung
- Kreativität und Fantasie
- nonverbale Kommunikation

Jedes Kind erhält ein langes Seil. Gemeinsam mit der Spielleitung verteilen sich alle Kinder großzügig über den Raum und setzen sich auf den Boden.
Die Spielleitung spricht folgende Verse:

*Mein Seil ist lang,
zeigt was es kann,
schaut her zu mir –
ein(en) …* (z. B. Kreis, Haus, Fisch als Form in die Luft gemalt)
wünsch' ich mir!

Bei der Leerstelle in der vorletzten Zeile zeichnet die Spielleitung eine Form in die Luft.
Diese Form wird von jedem Kind mit den Seilen auf dem Boden nachgebildet.
Bei den nächsten Durchgängen übernehmen die Kinder der Reihe nach die Rolle desjenigen, der die Form in die Luft malt und beim Legen derselben nicht mitwirken darf.

Die Wahrnehmungsuhr

Anzahl: 6–8 Kinder
Alter: ab 5 Jahre
Material: ca. 15 Seile, Wahrnehmungsuhr
Förderziele: ▸ kognitive Entwicklung
 ▸ Feinmotorik

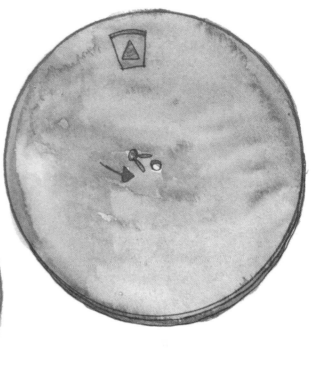

BASTELANLEITUNG

Material: eine Musterklammer, ein großer Bogen Fotokarton, Zirkel, Schere, Klebstoff, Buntstifte in den gleichen Farben, wie Seile vorhanden sind

Auf Fotokarton zwei Scheiben mit einem Durchmesser von ca. 30 cm aufmalen und ausschneiden. Auf eine der beiden Scheiben am äußeren Rand in gleichem Abstand voneinander 12 gleich große Symbole wie Kreis, Dreieck, Kreuz, Haus, Blume und Pilz in unterschiedlichen Farben aufmalen oder aufkleben. Aus dem äußeren Rand der anderen Scheibe ein Sichtfenster von solcher Größe ausschneiden, dass immer genau ein Symbol von der ersten Scheibe sichtbar ist, wenn die Scheibe mit dem Sichtfenster auf die Symbolscheibe gelegt und gedreht wird. Die Sichtfensterscheibe auf die Scheibe mit den Symbolen legen und genau in die Mitte ein Loch hineinstechen. Durch dieses Loch eine Musterklammer führen, um beide Scheiben miteinander zu verbinden.

Jedes Kind erhält ein Seil.
Die Spielleitung stellt durch Drehen an der Wahrnehmungsuhr ein Symbol ein und zeigt es den Kindern.
Jedes Kind legt für sich die Form mit einem Seil nach.

Wahrnehmungsdifferenzierung 51

HINWEIS

Die Wahrnehmungsuhr sollte während der Legephase für alle Kinder sichtbar bleiben, es sei denn, die Spielleitung will eine bewusste Konzentrationsförderung in das Spiel einbauen.

VARIANTEN

▸▸ Die Kinder legen mit ihren Seilen die Form gemeinsam nach, so dass anstelle mehrerer kleinerer eine große Form entsteht.

▸▸ Die Kinder finden sich zu zweit oder dritt in kleinen Gruppen zusammen.
Jede Gruppe bildet die gezeigten Symbole auf der Wahrnehmungsuhr mit den zur Verfügung stehenden Seilen form- und farbgetreu nach. Die Spielleitung sollte darauf achten, dass genügend bunte Seile zur Auswahl stehen.

Die bezaubernde Schnecke

Anzahl: 6–8 Kinder
Alter: ab 4 Jahre
Material: pro Kind zwei Pfeifenreiniger, Moos oder grünes Krepp-Papier
Förderziele: ▸ Feinmotorik
             ▸ Fantasie und Kreativität

BASTELANLEITUNG

Die Spielleitung stellt für jedes Kind aus einem Pfeifenreiniger einen Ring her, auf dessen Oberseite sich eine zu einem Schneckenhaus gebogene Spirale befindet. Aus einem zweiten Pfeifenreiniger bastelt sie zwei kleine Fühler, die sich die Kinder über die Fingerkuppen streifen können.

Jedes Kind erweckt seine Schnecke zum Leben, indem es einen seiner Zeigefinger durch den Ring führt.

Zu den folgenden, von der Spielleitung vorgetragenen Versen führen die Kinder mit dem Schneckenringfinger die angegebenen Handgesten aus.

Nach dem Spiel bauen die Kinder aus Moos oder grünem Krepp-Papier einen kleinen Garten, in dem die Schnecken bis zum nächsten Spiel schlafen gelegt werden.

Schni – schna – Schneck im Haus trägt ihr schönes Haus heut' aus.	Zeigefinger wandert langsam den Unterarm rauf,
Schni – schna – Schneck im Haus trägt ihr schönes Haus heut' aus.	den Unterarm runter
Kriecht ganz langsam, schaut nur her, Häuser tragen ist sehr schweeeeer.	und kriecht weiter zu den Beinen.
Streckt die Fühler in die Höhe, ob sie nicht was Leckres sehe.	Den Zeigefinger strecken und nach allen Seiten bewegen.
Hmmmm, Salat, der ist gesund. Schnecklein schleckt sich ab den Mund.	Mit der Fingerkuppe leicht auf den Arm tippen.
Berührst das Häuschen du ganz leis', ist schnell aus die Schneckenreis'.	Mit der unberingten Hand das Schneckenhäuschen berühren. Dabei den Zeigefinger der Ring-Hand einrollen.
Langsam kommt sie wieder raus, und zeigt erneut ihr Schneckenhaus.	Den Zeigefinger langsam strecken und über den Unterarm kriechen.

Wahrnehmungsdifferenzierung

Ein Schneckenspaziergang

Anzahl: 10 Kinder
Alter: ab 4 Jahre
Material: pro Kind ein buntes Seil
Musik: Metallophon oder C-Blockflöte
Förderziele:
- Grobmotorik
- Fantasie und Kreativität

Die Spielleitung legt den Kindern mit Seilen je ein Schneckenhaus auf den Rücken.
Auf der Flöte oder dem Metallophon improvisiert die Spielleitung eine ruhige, langsame Melodie.
Die Kinder kriechen dazu durch den Raum und tragen dabei ihre Häuschen vorsichtig auf dem Rücken.

Schelle, wo bist du?

Anzahl: 6–10 Kinder
Alter: ab 4 Jahre
Material: ein Luftballon mit Schellenglöckchen
Förderziele:
- Konzentrationsfähigkeit
- Orientierung im Raum
- Feinmotorik

Die Spielleitung steckt ein kleines Schellenglöckchen in einen Luftballon, bläst ihn auf und verknotet ihn.
Die Kinder stellen sich im Raum verteilt auf. Ein Kind wird ausgewählt, das sich als erstes in die Mitte des Raumes stellt und die Augen schließt.

Die Spielleitung stupst den Luftballon so an, dass er zu einem der Kinder fliegt, das ihn zum nächsten Kind stupst usw.
Nach vier oder fünf Stationen wird der Luftballon aufgefangen und festgehalten.
Das Kind, das in der Raummitte steht, zeigt – immer noch mit geschlossenen Augen – in die Richtung, wo es den Luftballon vermutet. Falls es sich nicht ganz sicher ist, lässt das Kind, dass den Ballon zu diesem Zeitpunkt in der Hand hält, die Schelle noch einmal kurz erklingen.
Das Spiel endet, wenn jedes Kind einmal in der Mitte gewesen ist.

VARIANTE

Alter: ab 6 Jahre

Nachdem das Kind, das in der Raummitte steht, gezeigt hat, wo sich der Ballon befindet, öffnet es die Augen und versucht, die Reise des Luftballons zu rekonstruieren, indem es nacheinander auf die Kinder zeigt, die seiner Meinung nach den Ballon weiterbefördert haben.

Ostereier suchen

Anzahl:	4–8 Kinder
Alter:	ab 5 Jahre
Material:	etwa zehn Plastik- oder Papp-Ostereier, verschiedene Werkstoffe (z. B. Wolle, Krepp-Papier oder Stoff), Klebstoff, ein großer Karton, Moos oder Gras
Förderziele:	▸ Konzentrationsfähigkeit
	▸ kognitive Entwicklung

Die Spielleitung beklebt die Ostereier mit verschiedenen Werkstoffen, wobei sie von jedem Exemplar ein identisches Double anfertigt. Sie legt einen großen, aber nicht zu tiefen Karton mit Moos oder Gras aus und versteckt darin die Hälfte der Ostereier, indem sie sie großzügig mit dem Moos oder dem Gras bedeckt. Die Dubletten behält die Spielleitung und verbirgt sie, so dass die Kinder sie nicht sehen können.

Ein Kind schließt die Augen, und die Spielleitung gibt ihm eine der Dubletten in die Hand. Das Kind tastet das Ei ab und versucht den aufgeklebten Werkstoff zu erraten.

Die Spielleitung nimmt das Ei wieder an sich, das Kind öffnet die Augen und sucht in der Mooskiste nach dem passenden Gegenstück des ertasteten Eis.

Danach wird das Ei wieder in die Kiste zurückgelegt.

So geht das Spiel reihum weiter bis jedes Kind zwei Eier ertastet und gesucht hat.

TIPP

Wenn es den Kindern schwer fällt, die Augen zu schließen, können sie die Eier auch hinter ihrem Rücken ertasten.

Tanzende Mikadostäbchen

Anzahl:	6–10 Kinder
Alter:	ab 5 Jahre
Material:	ein großes Mikadospiel
Musik:	Handtrommel oder C-Blockflöte, Triangel
Förderziele:	▸ Feinmotorik
	▸ Reaktionsvermögen
	▸ Rhythmusgefühl
	▸ Konzentrationsfähigkeit

Ein großes Mikadospiel wird geworfen und ohne zu wackeln von den Kindern abgetragen. Jedes Kind behält einen Mikadostab, die anderen werden zur Seite gelegt.

Zur Flötenimprovisation der Spielleitung gehen die Kinder durch den Raum und schlagen mit den Mikadostäben zum Taktschwerpunkt der Musik leise auf den Boden.

VARIANTEN

▸▸ Die Spielleitung klopft mit einem Mikadostab einen Rhythmus auf den Boden, den die Kinder mit ihren Stäben als Echo wiederholen.

▸▸ Die Kinder bewegen sich zur Musik im Raum. Auf ein musikalisches Signal hin, z. B. einen Triangelschlag, soll ein Mikadostab in der Raummitte abgelegt werden. Die Kinder einigen sich ohne verbale Absprache, wer jeweils seinen Stab ablegen darf. Hierzu ist genaues Beobachten der Gruppe erforderlich. Nach und nach entsteht in der Raummitte wieder ein neuer Stäbchenhaufen.

Wahrnehmungsdifferenzierung 55

Vogelstimmen

Anzahl:	6–8 Kinder
Alter:	ab 5 Jahre
Material:	Malpapier, Malstifte
Musik:	Tonvogelokarina, Kuckucksflöte, Tonwasservogel, Metallophon, Xylophon, Glockenspiel, Triangel, Klangbausteine
Förderziele:	▸ grafische und musikalische Expressivität
	▸ Improvisationsfähigkeit
	▸ Fantasie

Der **Tonwasservogel** ist ein Vogel aus Ton, in den Wasser hineingefüllt werden kann. Wenn durch das Mundstück in den Vogel hineingeblasen wird, entstehen im Wasser Schwingungen, durch die lustige Pfeiftöne unterschiedlicher Höhe erzeugt werden. Je nachdem wie viel Wasser in den Vogel gefüllt wird, klingt er immer wieder anders.

Die **Kuckucksflöte** ist eine kleine geschnitzte Flöte aus Weidenholz mit einem Griffloch an der Unterseite. Wird durch das Mundstück geblasen, ertönt ein KU-Ton. Ein KUCK-Ton, der eine kleine Terz tiefer ist, ertönt, wenn das kleine Loch mit einem Finger abgedeckt wird. Durch Öffnen und Schließen des Grifflochs während des Hineinblasens ertönt der Kuckucks-Ruf „Ku – kuck".

Die **Tonvogelokarina** ist ein Vogel aus Ton, der ein Mundstück und verschiedene Grifflöcher besitzt. Wie bei der Blockflöte lassen sich durch Öffnen und Schließen der Grifflöcher während des Blasens Melodien spielen.

Die Kinder setzen sich in eine Reihe nebeneinander, strecken die Hände hinter den Rücken und schließen die Augen.
Die Spielleitung geht die Reihe von hinten ab und gibt den Kindern in die nach hinten ausgestreckten Hände nacheinander eines der drei Vogelstimmen-Instrumente zu ertasten.
Wenn alle Kinder das Instrument ausreichend betastet haben, öffnen sie die Augen und malen, was sie erfühlt haben.
Sobald sie mit dem Malen fertig sind, reicht die Spielleitung das nächste Vogelstimmen-Instrument herum. Wieder ertasten die Kinder den Gegenstand und malen ihn auf. Dasselbe gilt für das letzte Vogelstimmen-Instrument.
Haben alle Kinder ihre Zeichnungen fertig, lüftet die Spielleitung das Geheimnis und zeigt den Kindern die drei Instrumente.
Die Kinder vergleichen ihre Bilder mit den Originalen. Lassen sich Ähnlichkeiten feststellen? Welches sind auffällige Merkmale, die sich in den Bildern widerspiegeln?
Die Spielleitung dreht sich mit dem Rücken zu den Kindern und spielt eines der drei Instrumente an. Sie dreht sich mit den drei Instrumenten in der Hand wieder um, und die Kinder überlegen, zu welchem Instrument die gehörten Töne passen könnten. Nach und nach werden alle Vogelstimmen-Instrumente gespielt und ihre Klänge richtig zugeordnet.

Abschließend machen die Kinder ein großes Vogelkonzert, indem sie auf den drei Vogelstimmen-Instrumenten, dem Xylophon, dem Metallophon, dem Glockenspiel, der Triangel und den Klangbausteinen improvisieren. Auf ein verabredetes Signal der Spielleitung hin tauschen die Kinder dabei die Instrumente.

Windgesang der Vögel

Anzahl: 6–8 Kinder
Alter: ab 5 Jahre
Material: pro Kind ein Holzvogel mit Windspiel, Schnur, Hammer und Nägel oder Haken
Musik: Xylophon, Metallophon
Förderziele: ▶ Gehörbildung
▶ Reaktionsvermögen
▶ Interaktionsfähigkeit

BASTELANLEITUNG

Material: 10–15 cm große Holzvögel in unterschiedlichen Farben (im Gartenzubehörhandel erhältlich oder als Laubsägearbeit selbst herstellbar), kleine Windspiele, Bohrmaschine, Schnur

*Etwa in der Mitte am unteren Rand der Holzvögel wird je ein kleines Loch gebohrt. Das obere Fadenende eines kleinen Windspiels, das aus kleinen Klangstäbchen auch selbst gebastelt werden kann, wird durch das Loch geführt und verknotet. Ebenso wird in der Mitte am oberen Rand der Vögel je ein Loch gebohrt, durch das eine Schnur gezogen und verknotet wird, an der das Vogelwindspiel aufgehängt wird.
Die aufgehängten Vögel geben schon bei leichtem Luftzug durch die aneinander schlagenden Klangstäbe Töne von sich.*

Die Spielleitung befestigt pro Kind einen Windspielvogel im Raum. Sie sollen so hoch hängen, dass die Kinder die Klangstäbe mit erhobenen Armen problemlos erreichen, und so sicher, dass sie sie im Eifer des Spiels nicht herunterreißen können.

Gemeinsam mit den Kindern ordnet die Spielleitung dem Metallophon und dem Xylophon zwei verschiedene Bewegungsarten zu; beispielsweise signalisiert das Metallophon „Gehen" und das Xylophon „Laufen".

Die Spielleitung improvisiert auf den Instrumenten.

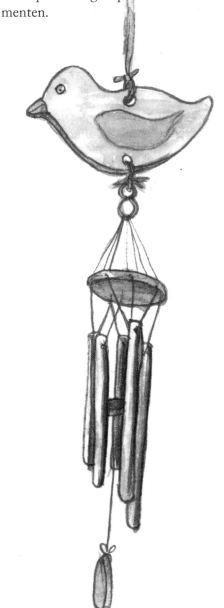

Wahrnehmungsdifferenzierung

Die Kinder bewegen sich je nach angespieltem Instrument entsprechend durch den Raum. Das variierende Tempo des instrumentalen Spiels gibt entsprechende Geschwindigkeitsunterschiede in den beiden Bewegungsarten vor.

Beim sehr schnellen Laufen bewegen sich durch den Luftzug die Windspiele.

Wenn die Windspiele klingen, stoppt die Spielleitung die Musik, die Kinder bleiben stehen und lauschen der Windmusik bis sie verklungen ist.

Die Spielleitung eröffnet mit ihrer Musik die nächste Runde.

VARIANTE

Vogelkonzert

Musik: C-Blockflöte
Förderziele:
- musikalische Expressivität
- Fantasie
- Feinmotorik
- Orientierung im Raum

Die Kinder bewegen sich zur improvisierten Blockflötenmusik der Spielleitung durch den Raum.

Auf ein verabredetes Signal hin, z. B. einen Triller mit der Blockflöte, geht jedes Kind geschwind zu dem ihm am nächsten hängenden Vogel-Klangspiel.

Die Spielleitung ruft einen der unterschiedlich farbigen Vögel auf, z. B. „der braune Spatz".

Das Kind, das an diesem Vogel steht, beginnt mit dem Windspiel zu improvisieren, indem es kräftig gegen die Stäbe pustet oder sie vorsichtig mit den Fingern bewegt. Auf diese Weise erzählt dieser Vogel den anderen Vögeln etwas. Beendet der Vogel seinen Monolog, antworten alle anderen kurz gemeinsam.

Mit der wieder einsetzenden Flötenmusik beginnt die nächste Runde.

Das Bleistiftmännchen

Anzahl: 6–8 Kinder
Alter: ab 5 Jahre
Material: pro Kind ein stumpfer Bleistift
Musik: C-Blockflöte
Förderziele:
- Fein- und Grobmotorik
- Eigen- und Fremdwahrnehmung
- Konzentrationsfähigkeit
- Koordinationsfähigkeit

Die Kinder bilden mit der Spielleitung einen Kreis. Wegen der Verletzungsgefahr werden den Kindern ziemlich stumpfe Bleistifte, die Bleistiftmännchen, zu folgendem Vers ausgeteilt, den die Spielleitung einmal für jedes Kind, dessen Name in der letzten Zeile eingesetzt wird, spricht.

Bli-Bla-Bleistiftmännchen,
wand're durch das Land,
geh von Hand zu Hand,
XY (Namen einsetzen) zeigt dir das Land.

Die Spielleitung gibt die Bleistifte abwechselnd dem links und rechts von ihr stehendem Kind, das dann den Stift weiterreicht, bis er beim genannten Kind ankommt. Schließlich hat jedes Kind ein Bleistiftmännchen.

Die Spielleitung musiziert auf der Blockflöte und die Kinder bewegen sich zur Musik mit ihren Bleistiftmännchen durch den Raum. Stoppt die Musik, begrüßen sich alle Bleistiftmännchen untereinander, indem die Kinder sie beispielsweise über Kreuz leicht aufeinander schlagen.

VARIANTEN

Bleistiftmännchen-Paarlauf

Die Kinder bilden Paare und verabreden, wer innerhalb der Paare für den ersten Durchgang die Führungsrolle übernimmt.
Zu einer ruhigen Flötenimprovisation bewegen sich die Paare durch den Raum, wobei sich ihre beiden Bleistiftmännchen während der ganzen Zeit auf irgendeine Weise berühren. Stoppt die Musik, tauschen die Kinder die Führungs- und die Folgerolle. Mit der wieder einsetzenden Musik beginnt der nächste Durchgang.
Die Spielleitung beendet das Spiel, wenn sie den Eindruck hat, dass jedes Kind oft genug die Führungs- und die Folgerolle übernommen hat.

Bleistiftmännchen-Gemälde

Material: pro Kind ein Stift und ein großer Bogen Malpapier

Zum Vortrag des Bleistiftmännchen-Liedes (s. S. 59) führen die Kinder mit ihren Bleistiften die Bewegungen des Bleistiftmännchens auf dem Papier aus. Zuvor überlegen sie gemeinsam mit der Spielleitung, wie die verschiedenen Fortbewegungsarten und deren Geschwindigkeiten mit Bleistiftstrichen dargestellt werden können, z. B. als Zickzack- oder Wellenlinien, bei denen die Höhe oder Weite der Ausschläge die Höhe des Tempos widerspiegelt.
Zur Kontrolle der Händigkeit führen die Kinder in einem zweiten Durchgang, für den sie einen neuen Bogen Papier erhalten, den Bleistift abwechselnd mit der linken und der rechten Hand.
In einem abschließenden dritten Durchgang, zu dem sie neues Papier bekommen, führen sie den Stift mit beiden Händen.

Wahrnehmungsdifferenzierung

Bleistiftmännchen-Tanz

Die Spielleitung singt das folgende Lied. Die Kinder schlüpfen in die Rolle des Bleistiftmännchens und führen die verschiedenen im Text vorkommenden Bewegungsarten aus.

1. Ich bin das Bli-Bla-Bleistiftmännchen – Bli-Bla-Blitz.
Ich wand're heut' von Hand zu Hand – so ein Witz!

Ich bin das Bli-Bla-Bleistiftmännchen – Bli-Bla-Blitz.
Ich wand're heute durch das Land – so ein Witz!

Ich bin das Bli-Bla-Bleistiftmännchen – Bli-Bla-Blitz.
Ich hüpfe ...
Ich laufe ...
Ich schleiche ...
Ich kreise ...
Ich zieh' mir heut' ein Röckchen an – so ein Witz!

Das Bli-Bla-Bleistiftland

Anzahl: 6–8 Kinder
Alter: ab 5 Jahre
Material: pro Kind ein DIN A3-Bogen Malpapier, Buntstifte
Förderziele:
▸ Anregung der Fantasie und Kreativität
▸ Entspannung

Jedes Kind malt auf seinen Bogen Malpapier eine Landschaft für das Bleistiftmännchen.
Die Spielleitung singt das Lied vom Bli-Bla-Bleistiftmännchen und erinnert die Kinder daran, auf welche Weisen das Bleistiftmännchen sich durch das Land bewegt (s. S. 59)
Gemeinsam mit den Kindern entwickelt die Spielleitung Möglichkeiten, wie die verschiedenen Geschwindigkeiten der Fortbewegung mit Bleistiftstrichen dargestellt werden können, z. B. als Zickzack- oder Wellenlinien, bei denen die Höhe oder Weite der Ausschläge die Höhe des Tempos widerspiegelt.
Während die Spielleitung das Bleistiftmännchen-Lied noch einmal ganz langsam Strophe für Strophe vorträgt, zeichnen die Kinder die Reise des Bleistiftmännchens in die von ihnen gemalte Landschaft so ein, dass später stets erkennbar ist, wann sich das Bleistiftmännchen wie bewegt hat.

Der Radiergummi

Anzahl: 2–4 Paare
Alter: ab 4 Jahre
Förderziele:
▸ Orientierung im Raum
▸ kognitive Entwicklung
▸ Koordinationsfähigkeit
▸ Gleichgewichtssinn

Die Kinder bilden Paare, die der Reihe nach spielen. Jeweils ein Kind übernimmt die Rolle des Bleistifts, das andere die des Radiergummis.
Das den Bleistift darstellende Kind bewegt sich durch den Raum und malt dadurch eine imaginäre gewundene Linie auf den Boden.
Das Kind, das die Rolle des Radiergummis übernommen hat, prägt sich den Weg des Bleistifts gut ein und geht, nachdem der Bleistift zur Ruhe gekommen ist, dessen Weg möglichst genau nach, um den imaginären Bleistiftstrich wieder auszuradieren.
Als nächstes folgt ein anderes Paar. Wenn alle Paare einen Durchgang absolviert haben, werden die Rollen innerhalb der Paare getauscht, und die zweite Runde beginnt.

Wahrnehmungsdifferenzierung 61

Der Spitzer

Anzahl: 6–8 Kinder
Alter: ab 5 Jahre
Material: pro Kind ein Reifen
Musik: C-Blockflöte
Förderziele:
- Reaktionsvermögen
- Expressivität
- Grobmotorik

Auf dem Boden sind der Anzahl der Kinder entsprechend viele Reifen ausgelegt, die imaginäre Spitzer darstellen.
Die Spielleitung improvisiert auf der Blockflöte.
Die Kinder schlüpfen in die Rolle der Bleistifte und bewegen sich zur Musik durch den Raum wie Stifte über Papier. Die Tempoänderungen der immer langsamer werdenden Musik setzen die Kinder in ihren Bewegungen um.
Wenn die Musik ganz langsam geworden ist, sind die Bleistifte kaum mehr zu gebrauchen, und die Kinder schleichen zu den Spitzern, um sich anspitzen zu lassen.
Die Kinder ruhen kurz aus. Die Spielleitung geht nun von Kind zu Kind und „spitzt" sie an, indem sie sie im Reifen sacht um die eigene Achse dreht.
Sind alle Bleistiftkinder wieder angespitzt, beginnt das Spiel von neuem.

VARIANTE
Zwei Personen übernehmen die Spielleitung, von denen eine musiziert und eine anspitzt. Den Kindern ist selbst überlassen, in welchem Tempo sie sich bewegen und wann sie neu angespitzt werden möchten. Dazu verringern sie eigenständig ihr Tempo, bevor sie sich in den Reifen begeben. Die Musik sollte so ausgewogen sein, dass sie sowohl schnelle als auch langsame Bewegungen zulässt.

HINWEIS
Bei dieser Spielweise kann gut beobachtet werden, welches Kind schnelle und welches langsame Bewegungen bevorzugt, woraus Rückschlüsse darauf gezogen werden können, wer eher zu den unruhigen und wer eher zu den zurückhaltenden Kindern zählt. Zudem lässt sich bei diesem Spiel gut erkennen, ob sich Kinder in der Gruppe befinden, die Gleichgewichtsstörungen haben.

Spiele zur Förderung der Koordination

Manchmal können wir Kinder beobachten, die ständig herumzappeln und dadurch oft nervös und unausgeglichen wirken, ohne dass sich dieses Verhalten auf Entspannungsdefizite zurückführen ließe. Diese Kinder können ihre Kräfte nicht richtig dosieren, ecken oft an, stolpern viel und lassen häufig etwas fallen. Vordergründig kann ein solches Verhalten als Resultat mangelnder Konzentrationsfähigkeit angesehen werden. Bei genauerer Beobachtung können wir jedoch feststellen, dass Kinder mit Koordinationsdefiziten zum Teil ganz andere Schwierigkeiten haben, als solche mit Konzentrationsdefiziten.

Die wesentlichen Erkennungsmerkmale von Koordinationsdefiziten sind:
▸ fehlende oder unzureichende feinmotorische Fähigkeiten
▸ unpräzise Bewegungen
▸ gestörte Körperwahrnehmung
▸ Bewegungsabläufe können nicht ohne weiteres nachgeahmt werden
▸ mangelnder Orientierungssinn bei räumlichen und zeitlichen Abläufen
▸ Schwierigkeiten beim Umschalten in eine neue Bewegungsform
▸ Schwierigkeiten bei der Ausführung komplexer Bewegungsabläufe (z. B. beim Seitgalopp, Hampelmann-Sprung und Hüpfen)
▸ Schwierigkeiten, verschiedene Körperteile isoliert zu bewegen
▸ Schwierigkeiten, sich rhythmisch zur Musik zu bewegen

Oftmals lassen sich kindliche Koordinationsdefizite auf mangelnde Bewegungsangebote zurückführen. Aber auch dadurch, dass die Bewegungsfähigkeiten der Kinder überfordert werden oder ihre anfängliche Ungeschicklichkeit belacht wird, können solche Defizite entstehen. Die Kinder werden dann ängstlich und unsicher, sie schränken ihre Bewegungsexperimente ein und bleiben ohne Übung in ihren Koordinationsmöglichkeiten.

Um einem solchen Defizit entgegenzuwirken, muss neben motorischen und perzeptiven Fähigkeiten vor allem auch das interhemisphärische Zusammenspiel gefördert werden. Denn nur wenn beide Gehirnhälften gleichermaßen ausgebildet sind und miteinander kommunizieren können, sind komplexe koordinative Handlungen möglich. Die rechte Hirnhälfte sorgt für die notwendige Kreativität, die linke für das nötige Abstraktionsvermögen bei der Bewegungsausführung.

Schwerpunktmäßig sollen mit den zahlreichen Bewegungs-, Reaktions-, Interaktions- und Wahrnehmungsspielen in diesem Kapitel folgende Fähigkeiten gefördert werden:
▸ Eigen-, Fremd- und Umweltwahrnehmung
▸ Raum-Lage-Wahrnehmung
▸ Gleichgewichtssinn
▸ interhemisphärisches Zusammenspiel
▸ feinmotorischer Bewegungsfluss
▸ Überkreuzen der Körpermitte
▸ Auge-Hand- und Hand-Hand-Koordination

Koordination

Mir nach!

Anzahl: 8–10 Kinder
Alter: ab 5 Jahre
Musik: C-Blockflöte
Förderziele:
- Reaktionsvermögen
- Orientierung im Raum
- Expressivität
- Bewegungsfantasie

Die Spielleitung improvisiert eine lustige Melodie auf der Blockflöte.
Die Kinder bewegen sich frei im Raum.
Nach einer Weile unterbricht die Spielleitung die Musik, ruft „Mir nach" und bewegt sich auf eine beliebige Weise durch den Raum, etwa schleichend, hinkend oder hüpfend.
Die Kinder bilden eine Kette hinter der Spielleitung und ahmen ihre Bewegung nach.
Sobald die Spielleitung ihr Flötenspiel wieder aufnimmt, lösen die Kinder die Bewegungskette auf und bewegen sich wieder frei durch den Raum.
Irgendwann ruft die Spielleitung den Namen eines der Kinder aus.
Spontan denkt sich dieses Kind eine neue Bewegungsart aus, die die Gruppe auf dessen Ruf „Mir nach" imitiert.
Das Spiel ist zu Ende, wenn jedes Kind einmal eine Bewegungsart vorgegeben hat.

Kaspern

Anzahl: 8–10 Kinder
Alter: ab 5 Jahre
Material: eine Schlupfkasper-Puppe
Förderziele:
- Reaktionsfähigkeit
- Orientierung im Raum

HINWEIS
Eine Bastelanleitung für eine Schlupfkasper-Puppe findet sich auf Seite 106.

Die Kinder verteilen sich gleichmäßig im Raum.
Die Spielleitung stellt ihnen den Schlupfkasper vor und spricht verschiedene Bewegungen mit ihnen ab, die sie je nach Position des Kaspers ausführen sollen, z. B.:

der Kasper ist ganz im Korb versteckt = still stehen,
der Kasper zeigt nur seinen Kopf = gehen,
der Kasper zeigt sich halb = hüpfen,
der Kasper zeigt sich ganz = laufen.

Während die Spielleitung die Schlupfkasper-Puppe bedient, bewegen sich die Kinder entsprechend der zuvor abgesprochenen Bewegungen durch den Raum.
Sobald die Kinder die jeweiligen Bewegungen und die Übergänge von einer Bewegung zur nächsten einigermaßen sicher ausführen können, begleitet die Spielleitung das Geschehen mit einem zum Bewegungsrhythmus passenden Vers, wie z. B.

Kaspern, kaspern, das macht Spaß.
Oh, wie gerne tun wir das.

Kaspern, kaspern, das ist fein –
ganz genau, so soll es sein.

Der Kasper ruht nun aus im Haus,
und das Kaspern, das ist aus.

TIPP
Um jüngeren Kindern oder solchen mit auffälligen Koordinationsdefiziten den Einstieg in das Spiel zu erleichtern, kann die Spielleitung es zunächst mit nur zwei einfachen, gegensätzlichen Bewegungen wie z. B. Laufen und Stehenbleiben einführen.

Koordination

Pfiff – der Zug fährt ab

Anzahl: 3–4 Paare
Alter: ab 6 Jahre
Material: pro Paar ein Reifen
Förderziele:
- Eigen- und Fremdwahrnehmung
- Orientierung im Raum
- interhemisphärisches Zusammenspiel

Die Kinder finden sich zu Paaren zusammen. Die Spielleitung gibt jedem Paar einen Reifen und lässt die Kinder zunächst mit diesen experimentieren, damit sie deren Gewicht und Bewegungsverhalten erkunden können.

Dann entscheiden die Paare, wer Zugführer und wer Fahrgast sein soll.

Der Zugführer hat die Aufgabe, den Fahrgast sicher durch die Gegend zu geleiten. Er stülpt den Reifen über den Fahrgast und hält ihn etwa in Taillenhöhe fest. Da es sich um eine den Waggon schiebende Lok handelt, steht der Zugführer hinten mit dem Gesicht zum Rücken des Fahrgastes.

Die Kinder gehen vorsichtig durch den Raum. Der Zugführer dirigiert mit dem Reifen die Fahrtrichtung. Dabei darf er den Fahrgast nicht berühren. Außerdem muss er aufpassen, dass er den anderen Zügen nicht in die Quere kommt. Auf ein Signal der Spielleitung hin tauschen die Kinder ihre Rollen.

VARIANTE

Achterbahn

Material: pro Paar zwei Seile

Jedes Paar legt seine beiden Seile in Form einer Acht auf dem Boden aus.
Die Paare stellen sich neben ihren ausgelegten Seilen hintereinander auf.
Das vorne stehende Kind streckt die Arme hinter den Rücken und hält das hinter ihm stehende Kind mit beiden Händen fest.
Auf diese Weise balancieren die Kinder über die aus Seilen gelegte Acht.
Auf ein Signal der Spielleitung hin tauschen die Kinder die Führungs- und Folgerolle.

Koordination

Die Silberfische

Anzahl: 8–10 Kinder
Alter: ab 5 Jahre
Material: vier kleine Pappfische, Kordel, vier Reifen, vier Bretter oder niedrige Holzblöcke mit eingekerbten Aussparungen in Form der Reifen
Musik: eine Triangel
Förderziele:
  ▸ Reaktionsvermögen
  ▸ Gleichgewichtssinn
  ▸ Körperwahrnehmung

Die Spielleitung stellt aus Pappe vier kleine Fische her und befestigt sie mit Kordel an je einem Reifen. Jeden dieser Reifen stellt sie in eine Holzvorrichtung – ein Brett oder einen niedrigen Holzblock mit einer eingekerbten Aussparung für die Reifen – und verteilt sie in gleichmäßigen Abständen im Raum. Dann erzählt sie den Kindern eine kurze Geschichte von den kleinen Silberfischen, die furchtbar gerne durch Unterwasserhölen schwimmen, dabei aber aufpassen müssen, dass sie dort nicht ihren Feinden, den Haien, begegnen.

Die Spielleitung erklärt den Kindern, dass die aufgestellten Reifen Unterwasserhöhlen darstellen und ein Triangelschlag ankündigt, dass sich in der Höhle ein Hai befindet.
Die Kinder verteilen sich im Raum.
Die Spielleitung beginnt, in einem gleichmäßigen Rhythmus auf der Triangel zu spielen. Sobald die Kinder sich auf den Rhythmus eingestellt haben, steigen sie immer dann, wenn gerade kein Triangelschlag ertönt, durch die Reifen, wobei sie darauf achten, die Reifen selbst nicht zu berühren oder umzuwerfen.

VARIANTE

Bei älteren Kindern können die Triangelschläge in unregelmäßiger Reihenfolge ausgeführt werden. Wahlweise kann auch das Tempo langsam gesteigert werden.

TIPP

Wenn keine entsprechenden Holzblöcke zur Verfügung stehen, können sich die Kinder in zwei Gruppen aufteilen, wobei die eine Gruppe das Spiel wie oben beschreiben ausführt, die andere die Reifen festhält. Auf ein zuvor verabredetes Signal der Spielleitung hin tauschen die Kinder dann nach einiger Zeit die Rollen.

Die Raupe Rudolf

Anzahl: 6–8 Kinder
Alter: ab 5 Jahre
Material: Raupe Rudolf
Musik: Bewegungsmusik
Förderziele: ▸ Interaktionsfähigkeit
▸ Reaktionsvermögen

BASTELANLEITUNG

Material: mehrere Pfeifenputzer, eine große weiße und mehrere kleine bunte Holzperlen, Fingerfarbe, eventuell Klebstoff

Die Spielleitung verzwirbelt mehrere Pfeifenputzer zu einem 30–40 cm langen, dünnen Strang und malt mit Fingerfarbe ein lustiges Raupengesicht auf die große Holzperle (hierbei ist darauf zu achten, dass das Loch auf einer Seite der Perle die Nase der Raupe darstellen soll). Nun werden die Holzperlen eine nach der anderen auf die verzwirbelten Pfeifenputzer gereiht. Den Anfang bildet der Raupenkopf. Durch diesen werden die Pfeifenputzer so weit durchgesteckt, dass sie vorne ein wenig herausstehen, damit die Raupe eine lustige Nase erhält. Falls die Perlen nicht richtig fest sitzen, können die Kopf- und die Schwanzperle mit Klebstoff fixiert werden.

Die Spielleitung spielt eine heitere Bewegungsmusik ein.
Die Kinder bewegen sich frei durch den Raum. Wenn die Spielleitung die Musik unterbricht, biegt sie Rudolf in eine beliebige Form, die die Kinder einzeln oder als Gruppe in der Bewegung darstellen, etwa

▸ Rudolf formt einem Kreis = alle Kinder nehmen sich an die Hand, bilden einen Kreis und gehen durch den Raum,
▸ Rudolf stellt eine Wellenform dar = die Kinder legen sich bäuchlings auf den Boden, stützen sich mit den flachen Händen auf dem Boden ab, stemmen ihre Oberkörper nach oben, winkeln die Oberschenkel parallel zu den Armen an und legen sich wieder hin; dieser Vorgang wird mehrmals wiederholt,
▸ Rudolf ist gerade gebogen = die Kinder liegen einzeln ruhig auf dem Boden.

Koordination

Flugs der Fuchs

Anzahl: 8–10 Kinder
Alter: ab 4 Jahre
Material: pro Kind ein Reifen oder ein Seil
Musik: Wooden Agogo
Förderziele:
- Reaktionsfähigkeit
- Orientierung im Raum

Die Spielleitung legt pro Kind einen Reifen oder ein zu einem Kreis geformtes Seil auf den Boden und erklärt den Kindern, dass sie sich vorstellen sollen, sie wären kleine Hasenkinder und die Reifen bzw. Seile seien ihre Gruben. Zudem erzählt die Spielleitung, dass ganz in der Nähe ein listiger Fuchs sein Unwesen treibt, der ganz hungrig ist und es vor allem auf junge Hasenkinder abgesehen hat.

Wenn die Spielleitung auf dem Wooden Agogo zu spielen beginnt, hüpfen die Kinder durch den Raum.

Bald beschleunigt die Spielleitung ihr Spiel und trägt dabei folgende Verse vor:

Flugs, flugs, flugs,
kommt vom Wald der Fuchs,
will dich fangen, Häschen klein.
Schnell spring in die Grube rein!

Schnell laufen alle Kinder zu ihren Hasenbauten und hüpfen hinein. Wenn sie sich ein wenig ausgeruht haben, beginnt eine neue Runde.

VARIANTE

Die Raupe im Labyrinth

Alter: ab 6 Jahre
Material: Gymnastikstäbe

Die Kinder bilden eine Schlange, fassen sich an den Schultern und bewegen sich langsam durch den Raum.
Nach und nach legt die Spielleitung mehrere Gymnastikstäbe auf den Boden, deren Richtung die Kinderraupe folgen muss.
Sind alle Gymnastikstäbe aufgebraucht, beginnt die Spielleitung damit, die bereits gelegte Raupenstraße zu verändern.

HINWEIS

Bei diesem Spiel kann die Spielleitung sehr gut beobachten, welches Kind Defizite im Bereich der Körperkoordination, insbesondere im Hinblick auf die Raum-Lage-Wahrnehmung, hat. Gleichzeitig kann diesem Defizit durch die Führung der anderen Kinder mit diesem Spiel bereits entgegengewirkt werden.

Die Schlange Sibara

Anzahl:	8–10 Kinder
Alter:	ab 6 Jahre
Material:	pro Kind ein Seil
Musik:	ca. 4–5 Rasseln
Förderziele:	▸ Reaktionsvermögen
	▸ Orientierung im Raum
	▸ Gehörbildung
	▸ Konzentrationsfähigkeit
	▸ Wahrnehmungsdifferenzierung

Die Spielleitung gibt jedem Kind ein Seil. Die Kinder experimentieren ein wenig mit den Seilen, um deren Material und Bewegungsverhalten zu erkunden. Dabei zeigt ihnen die Spielleitung, wie sie ihre Seile ähnlich einer Schlange auf dem Boden hinter sich her schlängeln können.

Danach erzählt die Spielleitung eine kurze Geschichte von der kleinen Schlange Sibara, die auf ihrem Weg durch das gefährliche Kaktustal von zahlreichen Klapperschlangen bedroht wird. Sibara kann nur dann unbeschadet nach Hause kommen, wenn sie sich von den Klapperschlangen fern hält.

Zu Beginn des Spiels teilen sich die Kinder in zwei Gruppen auf. Die einen spielen die Schlange Sibara, die anderen sind die Klapperschlangen.

Die Klapperschlangen erhalten je eine Rassel und verteilen sich im Raum auf den Boden.

Die Kinder, die die Sibaras spielen, müssen mit geschlossenen Augen der Reihe nach einen zuvor verabredeten Parcours zurücklegen, der an allen Klapperschlangen vorbeiführt. Während sie gehen, schlängeln sie ihre Seile hinter sich her, wobei sie nicht mit einer Klapperschlange zusammenstoßen dürfen. Ihre einzige Hilfe ist das verräterische Geräusch der Klapperschlangen, denn sobald eine Sibara einer Klapperschlange zu nahe kommt, beginnt diese laut mit ihrem Instrument zu rasseln.

Haben alle Sibaras den Parcours absolviert, tauschen die Kinder die Rollen, und die nächste Runde beginnt.

TIPP

Um den Kindern die Scheu vor dem Gehen mit geschlossenen Augen zu nehmen und ihren Orientierungssinn allmählich zu stärken, ist es ratsam, die erste Runde mit offenen Augen durchzuführen.

VARIANTE

Alter:	ab 4 Jahre

Während die Spielleitung das unten stehende Gedicht vorträgt, legen sich die Kinder bäuchlings auf den Boden und schlängeln sich auf beliebige Weise durch den Raum.
Jedesmal, wenn die Klapperschlangen erwähnt werden oder ein Zischlaut ertönt, lässt die Spielleitung eine Rassel erklingen.

Sibara, die Schlange

Ich bin Sibara die Schlange.
Mir ist vor gar nichts bange.

Ich kriech durchs Kaktustal auf meinem Bauch,
so wie die Klapperschlangen auch.
Ssssssssssssssssss!

Doch hör ich ein Gerassel dort –
Ssssssssssss,

mach ich mich schnell fort
von diesem Ort.

Ich schaue zu, dass ich Land gewinn'
und bald in der Sahara bin.

Der freche Schlingel

Anzahl: 8–10 Kinder
Alter: ab 5 Jahre
Material: je ein Seil pro Kind und für die Spielleitung
Förderziele:
- Grob- und Feinmotorik
- Reaktionsvermögen
- Raum- und Materialwahrnehmung
- Wahrnehmungsdifferenzierung

Die Spielleitung gibt jedem Kind ein Seil und trägt langsam und deutlich die unten stehenden Verse vor. Gleichzeitig bewegt sie ihr Seil auf die rechts neben dem Gedicht angegebene Weise.
Die Kinder folgen dem Vorbild der Spielleitung, indem sie ihre Seile entsprechend bewegen.

*Ich geh mit diesem Schlingel
dreimal rum im Kringel,
dreimal rum im Kringel,
dreimal rum im Kringel.*

Das Seil mit der rechten Hand halten und gerade herunterhängen lassen. Dabei dreimal um das hängende Seil herum gehen.

*Jetzt will er spazieren,
manierlich rumstolzieren.
Spazieren und stolzieren,
nicht auf dem Platz einfrieren.*

Das Seil hinter sich herziehen (die Kinder müssen hierbei darauf achten, nicht auf das Seil eines anderen zu treten).

*Jetzt will er schwingen, hin und her,
hin und her, hin und her.
Das ist doch wirklich gar nicht schwer,
gar nicht schwer, gar nicht schwer.*

Das Seil doppelt halten und neben dem Körper schwingen.

*Jetzt will der freche Schlingel
mit mir springen, mit mir springen.
Ja wirklich, er will springen,
immer schneller, springen, springen.*

Mit dem Seil im Raum herumspringen.

*Jetzt soll ich balancieren
auf diesem Schlingel, diesem Schlingel.
Nicht die Geduld verlieren –
balancieren, balancieren.*

Das Seil gerade auf den Boden legen und darauf balancieren.

*Nun ist er endlich müde,
hat viel zu viel gespielt.
Ich bring ihn schnell ins Bettchen,
damit er uns nicht mehr stört.*

Die Spielleitung sammelt die Seile ein.

Koordination

Flitzesternchen

Anzahl:	8–10 Kinder
Alter:	ab 5 Jahre
Material:	pro Kind ein kleiner Stern-Aufkleber
Musik:	Melodieinstrument nach Wahl
Förderziel:	Reaktionsfähigkeit

Die Spielleitung improvisiert eine beliebige Melodie auf einem von ihr gewählten Instrument.

Die Kinder bewegen sich zur Musik frei im Raum.

Endet die Musik, bleiben alle Kinder stehen. Sie sind nun Fixsterne, die sich nicht vom Platz bewegen können.

Die Spielleitung geht durch den Raum und wählt ein Kind aus, das zum Flitzesternchen ernannt wird.

Dieses läuft in beliebiger Weise um die Fixsterne herum, muss jedoch aufpassen, dass es auf seiner Flugbahn nirgendwo aneckt.

Sobald das Flitzesternchen stehen bleibt, ist die Runde beendet.

Die Spielleitung gibt dem Flitzesternchen einen kleinen Sternaufkleber, den es irgendwo sichtbar an seinem Körper befestigt.

Dann beginnt die nächste Runde.

Das Spiel ist zu Ende, wenn jedes Kind einmal Flitzesternchen war.

Der Farbwürfel

Anzahl:	8–10 Kinder
Alter:	ab 4 Jahre
Material:	ein Farbwürfel
Musik:	Bewegungsmusik
Förderziele:	▸ Interaktionsfähigkeit
	▸ Reaktionsvermögen

Die Spielleitung legt eine schwungvolle Bewegungsmusik auf.

Die Kinder bewegen sich zur Musik frei durch den Raum.

Etwa alle 30 Sekunden würfelt die Spielleitung mit dem Farbwürfel.

Die Kinder achten auf das Ergebnis des Wurfs. Alle Kinder, die ein Kleidungsstück in der Farbe tragen, die durch den Wurf angezeigt wird, bilden eine Schlange, fassen sich an die Schulter und bewegen sich auf diese Weise durch den Raum.

Die anderen Kinder bleiben an ihrem Platz stehen und klatschen zur Musik.

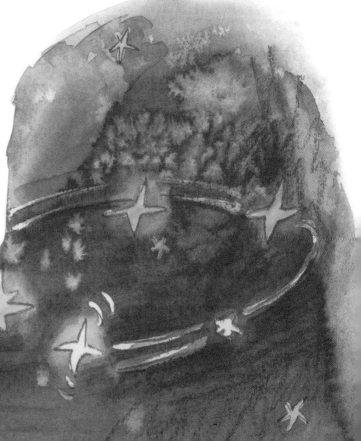

Rudi Rechts und Lilo Links

Anzahl: 6–8 Kinder
Alter: ab 5 Jahre
Material: für die Spielleitung und pro Kind je ein Rudi Rechts und eine Lilo Links
Förderziele:
- spielerisch die Begriffe Rechts und Links erfahren
- interhemisphärisches Zusammenspiel

BASTELANLEITUNG

Material: Wollreste aller Art, pro Pompon zwei Pappscheiben mit einem Durchmesser von 6–8 cm (der Durchmesser der Scheiben bestimm die spätere Größe der Figuren) und eine selbst gedrehte Wollkordel, eine stumpfe Stopfnadel, Schere, Filzreste, Klebstoff

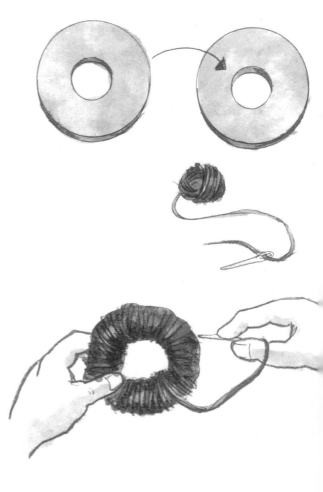

Rudi Rechts und Lilo Links bestehen aus je einem Pompon-Ball. Die Kinder sollen sie später ähnlich einer Armbanduhr an ihren Handgelenken tragen. Die Spielleitung stellt pro anzufertigendem Pompon je zwei gleich große Pappscheiben her. In die Mitte jeder Scheibe schneidet sie ein Loch, das etwa zwei Drittel der Scheibe ausmacht. Bei einer 6–8 cm großen Pappscheibe wäre das ein Loch von etwa 4–5,5 cm Durchmesser. Die fertigen Scheiben werden aufeinander gelegt und unter Zuhilfenahme einer stumpfen Stopfnadel mit bunten Wollresten umwickelt (hierbei ist darauf zu achten, dass sich Rudi und Lilo in ihrer Farbgebung deutlich voneinander unterscheiden). Sobald das Mittelloch so voll Wolle ist, dass die Nadel nicht mehr hindurchpasst, wird der Wickelfaden ab- und die Wolle an den äußeren Rändern der nunmehr vollständig umwickelten Pappscheiben aufgeschnitten. Danach wird eine lange, selbst gedrehte Wollkordel zwischen die nun wieder sichtbaren Scheiben hindurchgeführt und verknotet. Die überstehenden Kordelenden werden nicht abgeschnitten, sondern dienen später als Armband, mit dem die Kinder die Pompons an ihren Handgelenken befestigen. Abschließend werden die Pappscheiben herausgelöst, und den fertigen Pompons wird mit einigen Filzresten ein lustiges Gesicht aufgeklebt.

Koordination

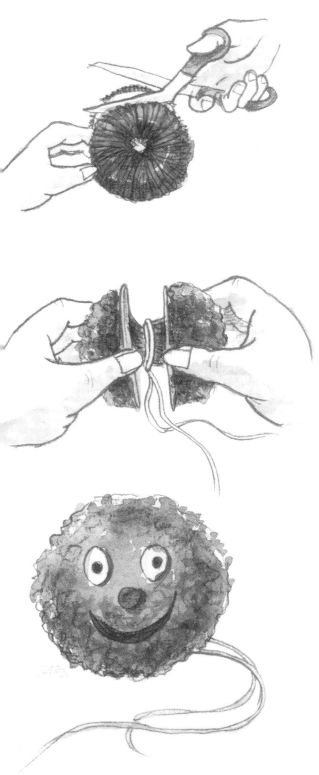

TIPP
Wenn die Kinder ihre Pompons selbst herstellen, ist darauf zu achten, dass genug Zeit zum Basteln vorhanden ist, denn v. a. jüngere Kinder brauchen sehr lange, um die Pappscheiben vollständig mit Wolle zu umwickeln. Unter Umständen bietet es sich an, das Basteln der Pompons auf mehrere Stunden zu verteilen und das Spiel mit Rudi und Lilo in einer davon unabhängigen Stunde durchzuführen.

Die Kinder setzten sich in einen Kreis auf den Boden.
Die Spielleitung gibt folgende Bewegungsmotive vor, und die Kinder versuchen sie nachzuahmen:
- Die rechte Hand klatscht gegen die linke Hand.
- Die linke Hand klatscht gegen die rechte Hand.
- Beide Hände klatschen gleichzeitig.
- Die rechte Hand schlägt auf den rechten Oberschenkel, die linke Hand auf den linken, zunächst abwechselnd, dann gleichzeitig.
- Die rechte Hand schlägt auf den linken Oberschenkel, die linke Hand auf den rechten, zunächst abwechselnd, dann gleichzeitig.
- Die rechte Hand berührt die linke Schulter, die linke die rechte, zunächst abwechselnd, dann gleichzeitig.

Nach einer kurzen Übungsphase, während der alle Bewegungen einmal vorgestellt und von den Kindern imitiert wurden, stülpen die Spielleitung und die Kinder ihre Pompon-Figuren über ihre Handgelenke.
Die Spielleitung spricht die auf der folgenden Seite abgedruckten Verse und führt dabei die nebenstehenden Bewegungen aus.
Die Kinder versuchen diese Bewegungen nachzuahmen.

Lilo Links und Rudi Rechts, *die zwei sind zu beneiden.*	Linke und rechte Hand einzeln heben.
Die Lilo mag den Rudi sehr,	Linke und rechte Hand erneut einzeln heben.
und Rudi kann die Lilo leiden.	Rechte und linke Hand einzeln heben.
Darum – ist es denn zu fassen? – *können sie nie voneinander lassen.*	Rechte und linke Hand schließen umeinander (Hände falten).
Sie machen am liebsten alles gemeinsam. *So ist keiner von ihnen einsam.*	Hände umeinander schlingen (Waschbewegung).
Plätze tauschen ist ihr Lieblingsspiel. *Das wird ihnen nie zuviel!*	Beide Hände liegen parallel nebeneinander auf dem Boden. Die rechte und die linke Hand wechseln drei- bis viermal hintereinander den Platz. Bei geübten Kindern: Plötzliche Varianten einfügen, wie z. B. Handwechsel auf den Schenkeln, den Schultern etc. durchführen.
Doch eins, zwei, drei –	Beide Hände schlagen dreimal gleichzeitig auf die Oberschenkel.
jetzt ist's vorbei.	Hände hinter dem Rücken verstecken.
Rudi und Lilo brauchen eine Pause	Hände ruhen in der Kreismitte am Boden.
und laufen darum schnell nach Hause.	Hände ganz schnell in Richtung der eigenen Oberschenkel auf den Boden patschen.

VARIANTE

Rudi und Lilo machen Musik

Musik: zwei Rhythmus- oder Orff-instrumente nach Wahl

Die Spielleitung wählt gemeinsam mit den Kindern zwei Instrumente aus, von denen eines Rudi und eines Lilo zugeordnet wird.
Sobald das entsprechende Instrument erklingt, heben die Kinder Rudi oder Lilo in die Höhe und rufen laut den Namen der Figur aus.

Rudi und Lilo gehen tanzen

Anzahl: 4–5 Paare
Musik: Tanzmusik (z. B. eine Polka), Triangel, Metallophon

Die Kinder stülpen ihre Pompon-Figuren über und finden sich zu Paaren zusammen.
Die Spielleitung erklärt den Kindern, dass Lilo am liebsten Triangel hört, Rudi jedoch das Metallophon bevorzugt.
Zu einer schwungvollen Bewegungsmusik tanzen die Kinder zunächst alleine frei durch den Raum.
Die Spielleitung spielt währenddessen in ungleichmäßiger Reihenfolge eine Triangel oder ein Metallophon an.
Wenn ein Triangelschlag ertönt, finden sich die verabredeten Paare zusammen, reichen sich ihre jeweils linken Hände und tanzen gemeinsam zur Musik. Wer bei diesem Tanz führt und wer folgt, entscheiden die Paare untereinander. Ein erneuter Triangelschlag signalisiert das Ende des Paartanzes. Die Kinder bewegen sich wieder alleine durch den Raum.
Ertönt das Metallophon, finden sich die Paare ebenfalls zum Tanz zusammen. Nun jedoch reichen sich die Kinder ihre rechten Hände und tanzen so lange gemeinsam, bis das Metallophon zum zweiten Mal ertönt.

Der Kuckuck und das Ei

Anzahl: 8–10 Kinder
Alter: ab 6 Jahre
Material: pro Kind ein Plastik- oder Styropor-Ei und ein Seil
Musik: C-Blockflöte oder Bewegungsmusik
Förderziele: ▸ Reaktionsvermögen
▸ logisches Denken
▸ Expressivität

Die Spielleitung erzählt den Kindern eine kurze Geschichte vom Kuckuck, der zu faul ist, seine Eier selbst auszubrüten und sie daher immer in die Nester anderer Vögel legt, damit sie die Brutarbeit für ihn übernehmen.
Jedes Kinder erhält ein Plastikei und ein Seil. Die Kinder verteilen sich im Raum und legen mit ihren Seilen Kreise auf den Boden, die die Kuckucksnester darstellen sollen.
Die Spielleitung spielt eine beliebige Bewegungsmusik ein oder improvisiert eine beschwingte Melodie auf der Blockflöte.
Die Kinder legen ihre Eier in ihre Nester und bewegen sich zur Musik frei durch den Raum. Wenn die Spielleitung die Musik unterbricht, laufen die Kinder schnell zu ihren Nestern, holen ihr Ei heraus und versuchen, es in ein fremdes Nest zu legen. Danach laufen sie wieder zu ihrem eigenen Nest zurück und setzen sich hinein. Sobald sie wieder in ihrem Nest sitzen, können die anderen Kinder ihre Eier dort nicht mehr ablegen.
Kann ein Kind sein Ei während einer Runde nicht in einem anderen Nest ablegen, muss es das Ei bis zur nächsten Runde behalten und sein Glück erneut versuchen. Auch das bzw. die Eier, die eventuell in seinem Nest gelandet sind, muss es bis zur nächsten Runde behalten.

Pilze sammeln

Anzahl:	6–8 Kinder
Alter:	ab 4 Jahre
Material:	ca. 20 flache, runde Steine, Plaka- oder Lackfarben, ein Stück Kunstrasen oder ein großes grünes Tuch, ein Körbchen
Musik:	Klangstäbe, Rasseln
Förderziele:	▸ Reaktionsvermögen ▸ Improvisationsfähigkeit

Die Spielleitung sammelt ca. 20 flache runde Steine und malt sie auf einer Seite mit Plaka- oder Lackfarben so an, dass etwa fünf der Steine wie Fliegenpilze, die anderen wie Steinpilze aussehen.

Die fertigen Pilze legt die Spielleitung auf ein großes grünes Tuch oder ein Stück Kunstrasen in die Raummitte auf den Boden.

Die Kinder schauen sich die Anordnung der Steine genau an und versuchen, sich die jeweiligen Positionen der Stein- und Fliegenpilze genau zu merken.

Nach ein paar Minuten werden alle Steine umgedreht, so dass nur noch die unbemalten Unterseiten zu sehen sind.

Die Kinder entscheiden, wer von ihnen Pilze sammeln gehen darf. Das ausgewählte Kind erhält ein Körbchen und hat die Aufgabe, alle Steinpilze einzusammeln. Die Fliegenpilze hingegen darf es nicht berühren.

Die übrigen Kinder erhalten je eine Rassel und ein paar Klangstäbe.

Immer wenn das Pilze sammelnde Kind einen Steinpilz in sein Körbchen füllt, spielen die anderen Kinder auf ihren Klangstäben. Will es jedoch nach einem Fliegenpilz greifen, warnen es die anderen mit lautem Gerassel.

Sind alle Steinpilze eingesammelt, stellt die Spielleitung ein neues Pilzfeld mit einer anderen Anordnung von Stein- und Fliegenpilzen her, und die nächste Runde beginnt.

Das Spiel ist zu Ende, wenn jedes Kind einmal Pilze gesammelt hat.

Koordination

Heute machen wir das Gegenteil!

Anzahl: 8–10 Kinder
Alter: ab 6 Jahre
Förderziele:
- Konzentration
- Reaktionsvermögen
- Vorstellungsvermögen

Die Spielleitung trägt das unten stehende Gedicht vor und führt die darin erwähnten Bewegungen mit den Kindern genau anders herum aus als sie gedacht sind.
Einige Bewegungsbeispiele sind in der rechten Spalte aufgeführt.

*Stellt euch vor, es wäre Morgen,
doch am Himmel herrscht dunkle Nacht.
An solchen Tagen, keine Sorge,
wird einfach von allem das Gegenteil gemacht.*

*Sag' ich Fuß, so mein' ich Hand.
Sag' ich Fenster, mein' ich Wand.
Sprech' ich vom Boden, mein' ich die Decke.
Glaubt mir, das ist lustig, jede Wette.*

Auf die erwähnten Gegenstände zeigen.

*Also, allen ist es nun bekannt,
drum: Nehmen wir uns nicht an die Hand.*

Eine Schlange bilden, sich an den Händen fassen und im Raum herum gehen.

*Gehen wir laut im Kreis herum
und lachen uns dabei grad' und krumm.*

Leise durch den Raum schlängeln und ein trauriges Gesicht machen.

*Nun wollen wir auf den Fersen gehn,
möglichst laut, du wirst schon sehn.*

Leise auf Zehenspitzen gehen.

*Streckt euch alle in die Luft!
Ach, was riech ich, welch guter Duft!*

Zu den Zehen beugen und das Gesicht verziehen.

*Jetzt will ich mal nach dem Boden sehn,
schaun, ob die Füße auch eben stehn.*

Sich recken und strecken, auf die Zehenspitzen stellen und nach oben schauen.

*Nun aber reicht's mir,
das ist ja ein Graus.
Aufhören, hört ihr?
Mit dem Gegenteil ist's aus.*

*Aus langsam wird nun wieder schnell,
aus grade wieder krumm.
Der dunkle Tag wird wieder hell,
Wir sind doch nicht dumm!*

Spiele zur Körperwahrnehmung

Wenn Kinder trotz ausreichender Entspannungsmöglichkeiten und ohne auffällige Konzentrationsdefizite Schwierigkeiten haben, komplexe Bewegungsabläufe auszuführen, so sind dies noch keine hinreichenden Symptome für ein ausschließliches Koordinationsdefizit. Die mangelnden koordinativen Fähigkeiten können auch auf eine geschwächte Körperwahrnehmung zurückzuführen sein. Im Unterschied zu Kindern mit reinen Koordinationsdefiziten, haben Kindern mit einer schwach ausgebildeten Körperwahrnehmung nicht nur Schwierigkeiten bei der Bewegungsausführung. Vielmehr sind diese nur ein Anzeichen für ein weiter reichendes Defizit, nämlich den Mangel an ausreichender Tiefensensibilität (Kinästhesiesinn) und an einer komplexen Vorstellung von den Funktionsmöglichkeiten und der Beschaffenheit des eigenen Körpers.

Einige der häufigsten Symptome für Defizite im Bereich der Körperwahrnehmung sind:
▶ Körper werden nur unvollständig oder mit falsch angeordneten Körperteilen gemalt
▶ Koordinationsprobleme
▶ Probleme bei der Unterscheidung von rechts und links
▶ unzureichende oder falsche Benennung von Körperteilen
▶ Unsicherheit darüber, wie oft die einzelnen Körperteile vorhanden sind

Häufig haben Kinder mit mangelhafter Körperwahrnehmung durch zu wenig erfahrene körperliche Nähe im Säuglings- und Kleinkindalter oder durch Spötteleien anderer über etwaige physische Unzulänglichkeiten ein negatives Körpergefühl entwickelt. Dies führt dazu, dass die Kinder zunehmend die von ihrem Körper ausgesandten Signale ignorieren, bis er ihnen schließlich völlig fremd geworden ist. Möglicherweise leiden die betroffenen Kinder aber auch unter einer bisher unbemerkten körperlichen Einschränkung. So könnte es zum Beispiel sein, dass ein Kind mit Defiziten im Bereich der Körperwahrnehmung schlecht sieht oder hört. Besteht ein solcher Verdacht, ist eine ärztliche Untersuchung dringend erforderlich. Nichtsdestotrotz benötigt das Kind neben der medizinischen auch die pädagogische Unterstützung, damit etwaigen Folgeschäden entgegengewirkt werden kann. Ein gesundes Körperbewusstsein ist für die spätere Entwicklung von großer Bedeutung, da im anderen Fall vielfach vernetzte Störungen entstehen können, wie Lese- und Rechtschreibschwächen, Gleichgewichtsstörungen, Konzentrationsmängel, Haltungsschäden oder Kontaktschwierigkeiten.

Um diesen Problemen vorzubeugen, sollen mit den nachstehenden Ausdrucks- und Bewegungsspielen schwerpunktmäßig folgende Aspekte gefördert werden:
▶ Eigen- und Fremdwahrnehmung
▶ Kenntnis der menschlichen Körperteile
▶ Körperbewusstsein
▶ Tiefensensibilität (Kinästhesiesinn)
▶ Koordinationsfähigkeit
▶ Erlebnis der eigenen ganzheitlichen Körperlichkeit

Körperwahrnehmung

Der Hase sitzt im Kohl

Anzahl: 6 oder 9 Kinder
Alter: ab 5 Jahre
Musik: Orffinstrumente
Förderziele:
- Bewegungsfantasie
- musikalische Expressivität
- Grobmotorik
- Koordinationsfähigkeit

2. Der Hase duckt sich tief
und tut, als ob er schlief'.
Der Bauer leise lacht
und dann zum Hasen sagt:
Hörst du wirklich so schwer?
Hörst du wirklich so schwer?
Ja, dann hol den Hund ich her,
ja, dann hol den Hund ich her.

3. Was hast du dir gedacht,
was wohl der Hase macht?
Er fängt zu rennen an,
so schnell wie er nur kann.
Geht nicht mehr in den Kohl,
geht nicht mehr in den Kohl.
Fühlt im Gras sich auch ganz wohl,
fühlt im Gras sich auch ganz wohl.

(mündlich überliefert)

Die Spielleitung singt den Kindern das Lied vor.

Die Kinder überlegen, wie sie die darin erwähnten Ereignisse in Bewegung umsetzen und mit den vorhandenen Orffinstrumenten vertonen können.

Drei Kinder sind die Darsteller und schlüpfen in die Rollen von Hase, Bauer und Hund. Die anderen Kinder sind die Musikanten.

Während die Darsteller den Inhalt des Liedes in die Grobmotorik umsetzen, singen die Musikanten zusammen mit der Spielleitung die drei Strophen des Hasenliedes und untermalen die Melodie auf die zuvor verabredete Weise.

Beim nächsten Durchgang werden die Rollen getauscht.

Hase, Bauer, Fuchs und Hund

Anzahl:	8–10 Kinder
Alter:	ab 5 Jahre
Material:	Pappe und Malpapier (ca. DIN A5), Malstifte, Klebstoff
Musik:	C-Blockflöte
Förderziele:	▸ Bewegungsfantasie ▸ Konzentrationsfähigkeit

Die Spielleitung stellt je ein Bild her, auf dem ein Hase, ein Bauer, ein Fuchs und ein Hund zu sehen ist. Diese Bilder klebt sie auf eine stabile Pappe, so dass sie vier gleich große Bildkärtchen erhält.
Die Spielleitung zeigt den Kindern die verschiedenen Bildkarten.
Die Kinder erfinden zu jeder Karte ein passendes Bewegungsmotiv, z. B.:

Hase = sich hinhocken, die Hände an den Hinterkopf führen und mit den Fingern wackeln,
Bauer = eine Hand in die Hüfte stemmen, die andere erheben und mit dem Zeigefinger drohen,
Fuchs = mit vorgebeugtem Oberkörper langsam durch den Raum schleichen,
Hund = sich auf allen vieren durch den Raum bewegen.

Die Spielleitung improvisiert eine beliebige Melodie auf der Blockflöte.
Nach kurzer Zeit unterbricht sie die Musik und zeigt der Gruppe eine der vier Bildkarten.
Die Kinder führen die zu dem auf der Karte abgebildeten Motiv verabredete Bewegung aus. Wenn die Spielleitung erneut mit dem Flötenspiel beginnt, bewegen sich die Kinder wieder frei durch den Raum.

Der Drachentanz

Anzahl:	8–10 Kinder
Alter:	ab 4 Jahre
Material:	pro Kind ein Drachen
Musik:	Bewegungsmusik
Förderziele:	▸ Koordinationsfähigkeit ▸ Reaktionsvermögen

BASTELANLEITUNG

Material: pro Kind ein viereckiger Bierdeckel und eine ca. 1,20 m lange Kordel, helles Tonpapier, Buntstifte, Schere, Klebstoff, Prickler, dünne bunte Krepp-Papierstreifen, Webnadeln

Die Kinder bekleben ihren Bierdeckel von beiden Seiten mit einem Stück Tonpapier in Form und Größe des Bierdeckels. Sie malen ein lustiges Drachengesicht auf eine Seite des Deckels und stanzen mit einem Prickler ein kleines Loch in die Stirnecke des Drachen. Durch dieses Loch führen sie mit Hilfe einer stumpfen Webnadel die Kordel hindurch und knoten sie fest. Zum Schluss verzieren sie die Ecken ihres Drachen mit bunten Krepp-Papierstreifen.

Körperwahrnehmung

Zunächst testen die Kinder das Bewegungsverhalten ihrer Drachen.

Zu einer lebhaften Bewegungsmusik laufen sie durch den Raum und lassen die Drachen hinter sich herflattern.

Nach einiger Zeit fassen die Kinder die Drachenschnur etwa in der Mitte an und beginnen, durch Verändern ihrer Handbewegungen, Kurven, Schleifen und Loopings mit ihren Drachen zu beschreiben.

Sobald die Kinder im Umgang mit den Drachen geübt sind, trägt die Spielleitung das unten stehende Gedicht langsam vor.

Die Kinder setzen den Inhalt des Gedichtes an den entsprechenden Stellen in Bewegung um.

Hey ho, hey ho, lass' die Drachen steigen! *Hey ho, hey ho, danke lieber Wind.* *Hey ho, hey ho, lass die Drachen steigen,* *hey ho, hey ho, es lacht ein jedes Kind.*	Die Kinder laufen mit ihren Drachen frei durch den Raum.
Kurven und	Die Drachen fliegen Kurven.
Loopings und	Die Drachen machen Loopings.
Schleifen und	Jedes Kind beschreibt mit seinem Drachen eine Acht.
zick und zack.	Die Kinder lassen die Drachen im Zick Zack fliegen.
Kurven und *Loopings und* *Schleifen und* *zick und zack.*	Wiederholung

Schneckentraum

Anzahl:	8–10 Kinder
Alter:	ab 4 Jahre
Material:	pro Kind ein Seil und je nach Bodenbelag eine Decke oder eine Matte
Musik:	eventuell Rhythmus- und Orffinstrumente
Förderziele:	▸ Kreativität ▸ Eigen- und Fremdwahrnehmung

Die Spielleitung verteilt die Seile und eventuell Decken oder Matten an die Gruppe.

Die Kinder stellen sich vor, sie seien kleine Schnecken.

Mit den Seilen legen die Kinder auf dem Boden oder den Matten eine Form, die ihr Schneckenhaus darstellen soll.

Wenn das Haus fertig ist, legen sich die Kinder hinein, schließen die Augen und ruhen sich aus. Die Spielleitung erzählt die Geschichte von einer Schnecke, die einmal jemand anderes sein möchte und allabendlich davon träumt, ganz neue, Schnecken untypische Fähigkeiten zu besitzen, z. B. träumt sie davon, tanzen zu können wie ein Tanzbär, watscheln zu können wie eine Ente oder schwimmen zu können wie ein Fisch.

Zur Melodie von „Es tanzt ein Bi-Ba-Butzemann" singt die Spielleitung die folgenden Verse, wobei sie an den in Klammern gesetzten Stellen jeweils die Bewegungsart einfügt, die sich die Schnecke gerade erträumt.

Es (tanzt, watschelt, schwimmt, ...) die kleine Schnecke, vor Freude um ihr Haus herum,
es (tanzt, watschelt, schwimmt, ...) die kleine Schnecke, ums eigne Haus herum.
Sie reckelt sich, sie streckelt sich, sie streckt die Fühler weit von sich.
Es (tanzt, watschelt, schwimmt, ...) die kleine Schnecke vor Freude um ihr Haus.

Die Kinder klettern während des Liedes aus ihren Häusern und führen die beschriebenen Bewegungen aus.

Dieser Vorgang wird mit verschiedenen Bewegungsarten beliebig oft wiederholt.

Nach einer Weile schlagen die Kinder vor, was die Schnecke im Traum tun und erleben soll.

Die Spielleitung macht die Bewegungen der Schnecke, während sie singt, entweder vor und dient den Kindern somit als Bewegungsvorbild, oder sie untermalt die Bewegungen musikalisch auf einem geeigneten Instrument.

Zum Abschluss erzählt die Spielleitung den Kindern, dass die Schnecke vom vielen Träumen sehr erschöpft ist und einmal richtig ausruhen will.

Die Kinder legen sich wieder in ihre Häuser, schließen die Augen und ruhen sich aus.

Körperwahrnehmung

ERWEITERUNG

Schneckenbesuch

Anzahl: 4–5 Paare
Musik: Cymbeln, Triangel o. Ä.

Auf ein Signal der Spielleitung hin, etwa einen Triangel- oder Cymbelnschlag, setzen sich die Kinder in ihren Häusern aufrecht hin.
Die Spielleitung erzählt den Kindern, dass die Schnecke nun wach ist und ihrer Freundin von ihren Traumerlebnissen erzählen möchte.
Die Kinder kriechen ganz langsam auf allen vieren durch den Raum. Sobald sie auf ein anderes Kind treffen, bilden sie mit diesem ein Paar und signalisieren sich durch leichtes Kopfnicken, in welches ihrer Häuser sie sich zurückziehen wollen.
Dort angekommen, verabreden sie, wer zuerst von seinem Traum berichten darf.
Das andere Kind legt sich bäuchlings auf den Boden.
Mit Hilfe geeigneter Hand- oder Fingergesten zeichnet das erste Kind dem auf dem Boden liegenden eine der Bewegungen auf den Rücken, die sich die Schnecke im Schlaf erträumt hat, beispielsweise:

tanzen = mit Zeige- und Mittelfinger über den Rücken hüpfen,
watscheln = mit beiden Händen abwechselnd leicht auf den Rücken schlagen,
schwimmen = mit beiden Handflächen kleine Kreise auf dem Rücken beschreiben (Brustschwimmgeste).

Das liegende Kind muss nun erraten, welche Bewegung dargestellt wurde. Ist es sich unsicher, hilft ihm das andere Kind, indem es die Tätigkeit pantomimisch darstellt.
Sobald ein Traum erraten ist, tauschen die Kinder die Rollen.

April, April ...

Anzahl: 8–10 Kinder
Alter: ab 5 Jahre
Förderziele: ▸ Bewegungsfantasie
▸ Interaktions- und Kooperationsfähigkeit

Die Spielleitung erzählt den Kindern die Geschichte vom launenhaften Herrn April, der das Wetter stets so gestaltet wie es ihm gefällt. Da er aber nicht nur launisch, sondern auch sehr gutmütig ist und gemerkt hat, dass seine Wetterspiele viele Menschen sehr ärgern, hat er versprochen, an einem Tag im Monat stets das zu tun, was die Leute sich wünschen.
Die Kinder teilen sich in mindestens drei kleine Gruppen auf und überlegen, welche Strafe sie Herrn April auferlegen können, etwa eine lustige Grimasse schneiden oder einen kurzen komplizierten Bewegungsablauf ausführen.
Das Ergebnis teilen die Gruppen der Spielleitung heimlich mit.
Haben alle Gruppen eine Entscheidung gefällt, treffen sich die Kinder im Kreis, und die Spielleitung spricht folgenden Vers:

*Der April, der April,
der macht nun, was ich will.*

*1, 2, 3, nur so zum Spaß
machen alle Kinder das: _____*

*Ja, das habt ihr gut gemacht,
ganz genau, so war's gedacht.*

Am Ende des zweiten Verses führt die Spielleitung den Kindern eine der zuvor verabredeten Bewegungen vor.
Alle Kinder, die nicht zu der Gruppe gehören, die sich diese Bewegung ausgedacht hat, ahmen die Bewegung nach.
Dies wird so lange wiederholt, bis die Vorschläge aller Gruppen ausgeführt worden sind.

Wolkenspektakel

Anzahl: 8–10 Kinder
Alter: ab 4 Jahre
Förderziele:
- Grobmotorik
- Reaktionsvermögen
- Kreativität

Die Kinder bilden mit der Spielleitung einen großen Kreis und stellen den Inhalt des folgenden Gedichts (frei nach I. Späth) in der Grobmotorik dar.
Die Angaben auf der rechten Seite geben Beispiele für die Darstellung.

Kleine Wolken – große Wolken,	Mit den Armen eine kleine und eine große Wolke in die Luft malen.
leichte Wolken – schwere Wolken,	Handflächen leicht nach oben federn und kräftig nach unten drücken.
ziehen hoch am Himmel dort, ziehen hoch am Himmel fort.	Mit dem Finger auf imaginäre Wolken in der Luft zeigen.
Ziehen weit, weit auseinander, stoßen dabei niemals an.	Arme weit öffnen und bis zur Peripherie des Raumes gehen.

Körperwahrnehmung

Dann kommen sie alle zusammen	Zur Raummitte laufen und hinknien
und fangen zu donnern an. *Rumpel, pumpel Donner,* *Rumpel, pumpel Donner,* *Rumpel, pumpel Donner, Blitz!*	Im Rhythmus mit den Fäusten auf den Boden trommeln.
Das Donnerwetter kommt zum Sitz!	In die Hocke gehen und eine Weile ruhen.
Kleine Wolken – große Wolken …	Wie oben.
Dann kommen sie alle zusammen	Zur Raummitte laufen und hinknien.
und fangen zu regnen an. *Tripfel tröpfel Regen,* *Tripfel tröpfel Regen,* *Tripfel tröpfel Regenguss,*	Im Rhythmus mit den Fingerspitzen auf den Boden trommeln.
Regen macht den Bach zum Fluss.	Mit den Armen einen sich schlängelnden Fluss in die Luft malen.
Doch der Regen geht vorbei, *und die Wolken fliegen wieder frei.*	Frei im Raum bewegen.
Kleine Wolken – große Wolken …	Wie oben.
Doch dann kommen sie alle zusammen	Zur Raummitte laufen und hinknien.
und fangen zu schneien an. *Schniebel, Schneibel, Flocken,* *Schniebel, Schneibel, Flocken,* *Schniebel, Schneibel, Flocken Schnee*	Mit den Fingerkuppen sacht auf den Boden klopfen.
Flocken wirbeln in die Höh'.	Die Arme impulsiv nach oben werfen und langsam mit klopfenden Fingerbewegungen wieder heruntersinken lassen.
Schneeflocken decken alles zu,	Mit beiden Händen und nach unten zeigenden Handflächen horizontal vor dem Körper einen Halbkreis beschreiben.
und die Erde geht zur Ruh.	Hände mit den Innenflächen aufeinander legen und zur Wange führen (Schlafgeste).

Paule Plattfuß

Anzahl: 6–8 Kinder
Alter: ab 5 Jahre
Material: pro Kind ein selbst gebasteltes Luftballonmännchen
Musik: Bewegungsmusik
Förderziele:
▸ Wahrnehmungsdifferenzierung
▸ Orientierung im Raum
▸ Bewegungsfantasie

BASTELANLEITUNG

Material: pro Kind ein Luftballon, ein DIN A3-Bogen Tonpapier, eine Schere und eine ca. 50 – 80 cm lange Kordel, feste Pappe, Klebstoff, wasserfeste Filzstifte, bunte Wollreste

Die Spielleitung stellt aus fester Bastelpappe eine Schablone für die Füße her. Die nebenstehende Illustration kann dazu als Vorlage verwendet werden. Auf je einen Tonpapierbogen werden zwei Fußumrisse übertragen, wobei darauf zu achten ist, dass die Schablone beim Zeichnen des zweiten Fußes umgedreht wird, damit je eine Vorlage für einen rechten und einen linken Fuß entsteht. Die Kinder suchen sich je einen Luftballon aus, blasen ihn auf und verknoten ihn. Sie schneiden die Tonpapierfüße aus und kleben sie an der dem Knoten gegenüberliegenden Seite ihres Luftballons fest. Mit einem wasserfesten Filzstift malen sie ein lustiges Gesicht auf ihren Ballon und kleben ihm aus Wollresten eine bunte Frisur an die Knotenseite. Abschließend wird am Knoten selbst eine lange Kordel befestigt.

Um das Bewegungsverhalten der Ballons auszutesten, experimentieren die Kinder zunächst ein wenig mit den Plattfußballons. Die Spielleitung legt eine beschwingte Bewegungsmusik auf, und die Kinder
▸ lassen ihren Ballon sanft durch die Luft glei-

Körperwahrnehmung

ten, wobei sie darauf achten, dass sie nicht mit den anderen Kindern zusammenprallen und ihr Ballon weder zu Boden fällt noch mit einem anderen Ballon zusammenstößt,
- balancieren ihren Ballon auf verschiedenen Körperteilen,
- entwickeln einen Paartanz mit dem Ballon.

Sobald die Spielleitung die Musik stoppt, stellen alle Kinder ihren Plattfuß in die Mitte des Raums.

Auf ein vereinbartes Zeichen hin, etwa ein Klatschen, laufen die Kinder um die Ballons herum und versuchen, sie durch die Luft, die sie dabei aufwirbeln, in Bewegung zu versetzen.

Tanz nach Formen

Anzahl: 8–12 Kinder
Alter: ab 6 Jahre
Material: gesammelte Naturmaterialien, pro Gruppe vier kleine Körbe oder Schachteln
Musik: C-Blockflöte oder Bewegungsmusik
Förderziele:
- Kreativität
- Bewegungsfantasie
- Interaktion

Die Spielleitung bereitet für jede Gruppe vier gleich große Stapel mit gesammelten Naturmaterialien vor, etwa Steine, Kastanien, Tannenzapfen und Äste, die sie jeweils in einen kleinen Korb oder eine Schachtel füllt.

Die Kinder bilden zu viert kleine Gruppen und erhalten die vorbereiteten Materialien von der Spielleitung.

Die Kinder versuchen, die verschiedenen Materialien mit Formen zu assoziieren.

Haben sie sich auf eine Form geeinigt, legen sie diese mit dem entsprechenden Material auf dem Boden aus.

Nun ordnen die Kinder ihren Formen verschiedene Bewegungen zu, etwa:

Steine = Kreis = sich einmal um sich selbst drehen,
Kastanien = Herz = ein Kind aus der Gruppe umarmen,
Tannenzapfen = Schlange = beide Arme vor dem Körper auf und ab schlängeln,
Äste = Dreieck = Hände über dem Kopf zu einem Dach schließen.

Stehen die Bewegungen fest, spielt die Spielleitung ein bekanntes Kinderlied ein oder improvisiert ein solches auf der Blockflöte.

Die Kinder überlegen, wie sie die zu ihren Formen verabredeten Bewegungen zu einem dem Rhythmus des Liedes passenden Ablauf zusammenfügen können.

Haben sie sich auf einen Ablauf geeinigt, studieren sie ihn ein und präsentieren ihre Tanzgestaltung den anderen.

Spiegelbilder

Anzahl: 3-4 Paare
Alter: ab 4 Jahre
Förderziele:
- Wahrnehmungsdifferenzierung
- Eigen- und Fremdwahrnehmung
- Kommunikations- und Interaktionsfähigkeit

Die Kinder finden sich zu Paaren zusammen. Eines der beiden Kinder spielt das Spiegelbild des anderen.

Das Kind, das dem Spiegelbild gegenübersteht, darf nacheinander mehrere Einzelbewegungen oder einen kurzen Bewegungsablauf vormachen, die das Spiegelbild-Kind zu imitieren versucht.

Nach einer zuvor verabredeten Anzahl an nachzuahmenden Bewegungen tauschen die Kinder die Rollen.

Die Ballonis

Anzahl: 8–10 Kinder
Alter: ab 5 Jahre
Material: vier Plattfuß-Ballons (s. S. 86)
Musik: schwungvolle Tanzmusik
Förderziel: Grobmotorik

Die Spielleitung zeigt den Kindern vier Plattfuß-Ballons und stellt sie ihnen als die Familie Balloni vor. Zur Familie gehören Vater und Mutter Balloni sowie die beiden Kinder Ballononono und Ballonana.

Die Ballonis haben vor zu verreisen. Weil ihnen die Fahrt zu viert aber zu langweilig ist, wollen sie alle Kinder auf ihre Reise mitnehmen. Sie wollen die Kinder einzeln begrüßen und abholen und sie am Ende der Reise wieder zurückbringen.

Die Spielleitung zeigt sich verdutzt über diese Idee und fragt die Kinder, wie eine solche Reise, samt Abholen und Zurückbringen, wohl vor sich gehen könne, ohne dass ein großes Chaos entstünde.

Die Kinder sammeln Ideen, die allesamt getestet werden.

Zum Schluss schlägt die Spielleitung vor, dass sich die Ballonis an die Hand nehmen und die Kinder diesem Beispiel folgen, sobald sie von den Ballonis abgeholt werden.

Die Spielleitung knüpft die Kordeln an den Knotenstellen der Ballons zu einer langen Kette zusammen und legt eine schwungvolle Tanzmusik auf.

Die Kinder verteilen sich gleichmäßig im Raum.

Die Spielleitung nimmt ein Kordelende der Luftballonkette in die Hand und läuft so um die im Raum verteilten Kinder herum, dass die Ballons hinter ihr herflattern.

Nach etwa einer Minute bleibt die Spielleitung stehen und übergibt einem der Kinder die Ballonis.

Dieses Kind ist nun abgeholt worden. Es folgt dem Beispiel der Spielleitung und läuft mit den zusammengeknoteten Ballons um die anderen Kinder im Raum herum.

Die Spielleitung läuft am Ende der Schlange hinter den wehenden Ballons her.

Körperwahrnehmung

Nach etwa einer weiteren Minute gibt das abgeholte Kind die Ballonis an ein anderes Kind ab und reiht sich ebenso wie die Spielleitung in die Schlange hinter den Ballonis ein. Dieser Vorgang wird so lange wiederholt, bis alle Kinder abgeholt worden sind.

TIPPS

▸ Falls es zu lange dauert, bis die Kinder die Ballons weiterreichen, kann die Spielleitung sich nach der ersten Runde aus dem Spiel ausklinken und durch kurzes Stoppen der Musik angeben, wann die Ballons abgegeben werden sollen.

▸ An obiges Bewegungsspiel können sich einige Rhythmusspiele mit den Plattfuß-Ballons anschließen, etwa die im Spiel auf S. 86/87 genannten. Zum Schluss bringen die Ballonis die Kinder auf die oben genannte Weise wieder nach Hause. Nun darf das Kind, das zu Beginn der Reise als letztes abgeholt wurde, mit dem Ballonlauf beginnen. Die Aufgabe jedes Kindes während der Rückreise ist, jeweils das Kind abzuholen, von dem es auf der Hinreise selbst abgeholt wurde, so dass die Kinder in der Schlange auf der Rückreise genau die umgekehrte Reihenfolge bilden wie bei der Hinreise.

Dingsbums

Anzahl: 8–10 Kinder
Alter: ab 5 Jahre
Material: pro Kind ein leicht zu ertastender Alltagsgegenstand, eine Stofftasche oder ein Kissenbezug
Förderziele: ▸ Tastsinn
▸ Bewegungsfantasie

Die Spielleitung füllt eine einfache Stofftasche oder einen alten Kissenbezug mit verschiedenen, Kindern vertrauten Alltagsgegenständen, wie z. B. einem Teddy, einem Schuh, einem Bauklotz oder einem Wachsstift.

Die Kinder setzen sich in einen Kreis, halten die Hände hinter den Rücken und schließen die Augen.

Die Spielleitung stellt sich hinter eines der Kinder, legt ihm einen Gegenstand in die Hand und fordert es auf, den Gegenstand genau zu ertasten.

Sobald das Kind zu wissen glaubt, was es in seinen Händen hält, legt die Spielleitung den Gegenstand in die Tasche zurück und fordert alle Kinder auf, die Augen zu öffnen.

Das Kind, das soeben den geheimen Gegenstand ertastet hat, geht in die Kreismitte und stellt seinen Gegenstand pantomimisch dar.

Die anderen Kinder raten, wie der Gegenstand heißt.

Haben sie die Lösung gefunden, beginnt die nächste Runde, in der ein anderes Kind einen neuen Gegenstand ertastet und vorstellt.

Eine turbulente Reise

Anzahl: 8–10 Kinder
Alter: ab 5 Jahre
Material: pro Kind ein kleiner Plastikring (ca. 20 cm Durchmesser) oder eine Frisbeescheibe, pro Paar ein Reifen
Förderziele:
▸ Grobmotorik
▸ Fantasie
▸ Expressivität
▸ Kommunikations- und Interaktionsfähigkeit

Die Spielleitung legt die benötigten Materialien an eine für die Kinder leicht erreichbare Stelle und liest die folgende Geschichte vor. Durch ein zuvor vereinbartes Signal fordert sie die Kinder an den *kursiv* gesetzten Stellen auf, die erzählten Bewegungen ggf. mit Hilfe der ausgelegten Materialen nachzuahmen. Beispiele für die Umsetzung komplexerer Bewegungsabläufe finden sich in den in Klammern gesetzten Texteinschüben.

Die Geschichte von dem Mann, der verreisen wollte …

Es war einmal ein Mann, der *ging froh gelaunt* auf einer grünen Wiese *spazieren*. Die Luft roch stark nach Flieder, und die kleinen Vögel im Gesträuch *flatterten* und *zwitscherten* allerliebst. Der Mann *bückte sich, roch* an einem zarten Veilchen und dachte: „Der Frühling ist doch die schönste Jahreszeit. Nur eins ist schöner – verreisen. Wenn ich doch nur einmal verreisen könnte! Aber zu Fuß kommt man nicht sehr weit."
Und während der Mann diese Gedanken hatte und so seines Weges *ging*, wurden seine Füße immer *schwerer*. Er glaubte fast, Steine in seinen Schuhen zu tragen.
„Ach, wenn ich nur ein Fahrrad hätte", dachte der Mann. *Ganz langsam* schleppte er sich vorwärts. Ja, er wurde sogar *immer langsamer*.

Aber dort im Gras, was war denn das?
Ein kleines blaues Fahrrad lag dort, ganz verrostet und lieblos hingeworfen. Leicht war zu erkennen, dass es schon lange niemandem mehr gehörte.
Der Mann *ging zu dem blauen Fahrrad und hob es auf*. Da lachte das Fahrrad.
„Darf ich ein Stück auf dir fahren?", fragte der Mann.
„Aber ja doch, da freue ich mich", jubilierte das Fahrrad.
Und schon ging es los. Mit *ganz viel Schwung* den Berg hinunter. Immer *schneller und schneller* ging die Reise. (*Die Kinder legen sich auf den Rücken und simulieren das Treten der Pedale mit den Beinen in der Luft.*)
Doch bald schon kamen sie an einen Berg. Dort wurde das Fahrrad immer *langsamer*.
„Ach", sagte das Fahrrad zu dem Mann, „ich bin einfach zu alt für so lange und steile Strecken. Geh ruhig ohne mich weiter."
„Also gut", sagte der Mann. „Aber auf dem Rückweg hole ich dich wieder ab. Bleib hier und warte auf mich."
So *ging* der Mann alleine weiter. Doch bald schon wurde er sehr *müde*. Er musste mächtig *gähnen*, und seine Füße wurden immer *schwerer*.
Da sah der Mann ganz plötzlich ein kleines rotes Auto am Straßenrand.

„Lieber Mann, du siehst müde aus. Darf ich dich ein Stück umherfahren?", fragte das Auto. „Aber gerne doch", sagte der Mann und *stieg ein*. (*Die Kinder nehmen je einen Plastikring, den sie als Lenkrad benutzen, und bewegen sich damit durch den Raum.*)
Jetzt ging seine Reise noch *viel schneller* voran als zuvor mit dem Fahrrad. Er fuhr über Berge und durch Täler, vorbei an Wiesen und Wäldern, Flüssen und Seen. Das kleine rote Auto jubelte vor Freude, vor allem, wenn es *Kurven fahren* durfte.
Doch was war das? Plötzlich wurde auch das Auto *langsamer und langsamer*, bis es endlich *ganz still stand*.
„Auto was ist mit dir?", fragte der Mann.
„Ach, ich bin schon alt", antwortete das Auto, „und die Raserei bekommt mir nicht. Außerdem glaube ich, dass das Benzin alle ist."
„Also gut", sagte der Mann, „warte hier auf mich. Ich hole dich auf dem Rückweg wieder ab und bringe dir Benzin mit."
Und so *ging* der Mann wieder *zu Fuß* auf Reisen.
„Hallo!", rief plötzlich jemand hinter seinem Rücken. „Hallo!", rief es noch lauter.
Der Mann drehte sich um und sah ein Känguru auf sich *zuhüpfen*.
„Willst du ein Stück mit mir kommen?", fragte das Känguru.

„Wie soll ich denn mit dir kommen?", fragte der Mann.
„Na, schlüpf einfach in meinen Beutel", sagte das Känguru.
Gesagt getan. Schon ging es los. (*Die Kinder stellen sich zu zweit in einen Reifen, halten ihn fest und hüpfen zusammen durch den Raum.*) Mit *riesigen Sprüngen* kamen die beiden von der Stelle.
„Hui, wie das Spaß macht!", dachte der Mann. Und das Känguru lachte und freute sich.
Dann aber kamen die beiden zum Meer, und das Känguru brach in Tränen aus. (*Die Kinder bleiben stehen und legen die Reifen ab.*) Es hatte ganz plötzlich schreckliches Heimweh nach dem Känguruland und seinen Kängurufreunden bekommen.
Dem Mann tat das Känguru leid. Daher brachte er es zu einem großen Schiff, das das Känguru sicher im Känguruland abliefern würde. Er stand noch lange am Hafen und *winkte* dem Schiff hinterher, als es auf das große Meer hinaus fuhr.
Dann war der Mann wieder alleine. Doch er war nicht traurig. Er war weit gereist und hatte viele Freunde kennen gelernt, die er jetzt auf dem Rückweg alle wieder besuchen konnte.

(*frei nach mündlicher Überlieferung*)

Körperbilder

Anzahl: 6–8 Kinder
Alter: ab 5 Jahre
Material: pro Kind ein Bündel mit verschiedenen Naturmaterialien wie Steine, Blätter, Tannenzapfen oder Kastanien, eventuell eine Matte oder eine lange weiße Papierbahn pro Paar
Förderziele:
- Feinmotorik
- Kooperations- und Interaktionsfähigkeit
- abschätzen und vergleichen
- Körperschema erfahren

Die Spielleitung sammelt verschiedene Naturmaterialien und stellt für jedes Kind ein Paket mit 20 bis 30 Materialien zusammen.
Die Kinder finden sich zu Paaren zusammen. Jedes Paar wählt ein Kind aus, das sich auf den Boden legen darf. Das andere umlegt den Körperumriss des liegenden Kindes mit seinen Materialien.
Ist der Umriss fertig, steht das liegende Kind vorsichtig auf, um seinen Umriss nicht zu beschädigen, und die Kinder tauschen die Rollen.
Sind beide Umrisse fertig, betrachten die Kinder die entstandenen Formen.
- Welcher Umriss ist der größte, kleinste, dickste, dünnste, usw.?
- Wer hat die längeren Beine oder Arme?
- Welches sind die individuellen Besonderheiten bei jedem Umriss?

Abschließend werden auch die Umrisse der anderen Paare auf diese Fragen hin betrachtet und analysiert.

HINWEIS

Falls der Boden eine unruhige Struktur oder eine starke Musterung aufweist, sollten sich die Kinder auf Matten oder auf am Boden verklebte Papierbahnen legen, damit sie ihre Körperumrisse nach dem Legen deutlich erkennen können.

Körperwahrnehmung

Frühjahrsputz

Anzahl: 8 Kinder
Alter: ab 4 Jahre
Musik: fröhliche Bewegungsmusik
Förderziele:
- Eigen- und Fremdwahrnehmung
- Bewegungsfantasie

Die Spielleitung erklärt den Kindern, was ein Frühjahrsputz ist und welche Arbeiten dabei verrichtet werden müssen.

Die Kinder überlegen, welche Möbelteile sie putzen würden, wenn sie einen Frühjahrsputz hielten, und wie diese Möbelteile zu reinigen wären, ob sie gewischt, abgestaubt oder poliert werden müssten.

Die Spielleitung macht der Gruppe mithilfe eines Kindes vor, wie die einzelnen Putzarten ausgeführt werden. Beim Abstauben streicht sie dem Kind ganz leicht über Kopf, Rücken, Arme und Beine. Beim Wischen grenzt sie den zu putzenden Körperbereich ein wenig ein und rubbelt etwas kräftiger. Beim Polieren konzentriert sie sich ganz gezielt auf ein bestimmtes Körperteil, das sie kräftig durchmassiert.

Dann teilen sich die Kinder in zwei Gruppen auf. Die eine Hälfte übernimmt die Rolle der Möbel, die anderen Kinder stellen die Putzkolonne dar.

Jedes Putzkind geht zu einem Möbelstück, fragt es, was für ein Möbel es sei und wie es geputzt werden möchte.

Das Möbel-Kind antwortet ihm, nimmt eine Haltung ein, mit der es das gewählte Möbelstück darzustellen versucht und lässt sich putzen.

Wenn jedes Möbel einmal geputzt worden ist, tauschen die Kinder die Rollen.

Die Gefühlsexperten

Anzahl: 8–10 Kinder
Alter: ab 5 Jahre
Förderziele:
- kreativer Körperausdruck
- Reaktionsvermögen
- Flexibilität

Die Kinder sitzen im Kreis.

Die Spielleitung nennt eine beliebige Gemütsverfassung, etwa traurig, ängstlich, überrascht oder erfreut sein.

Die Kinder nehmen spontan eine Haltung an, die die genannte Verfassung zum Ausdruck bringt.

Die Spielleitung fordert die Gruppe auf, die Darstellungen jedes einzelnen Kindes genau zu betrachten.

Der Reihe nach zeigt jedes Kind noch einmal, welche Haltung es eingenommen hat.

Die anderen Kinder versuchen, die jeweils vorgeführte Haltung zu imitieren.

Spiele zur Expressivität

Die Expressivität, die Möglichkeit des Menschen, seine Gefühle, Ideen und Wünsche offen nach außen zu tragen, beeinflusst unseren gesamten Lebensweg. Egal, ob es darum geht, Freunde zu finden, sich im Berufsleben zu behaupten oder die eigene Meinung zu vertreten. Zuweilen begegnen wir jedoch Kindern, die genau das nicht können. Sie stehen oft abseits, entwickeln keine eigenen Spielideen, machen stets das, was andere vorschlagen, oder träumen einfach in den Tag hinein. Kurzzeitig können solche Kinder auch aggressive Verhaltensweisen an den Tag legen, um ihren angestauten Emotionen Luft zu machen. Grundsätzlich jedoch werden sie von ihrer Hemmung geprägt.

Einige der häufigsten Symptome für Expressivitätsdefizite sind:
▸ mangelnde Emotionalität
▸ mangelndes Selbstvertrauen
▸ mangelndes Durchsetzungsvermögen
▸ mangelnde Motivationsbereitschaft
▸ zu schneller Verzicht auf eigene Bedürfnisse
▸ Probleme, einfache Rhythmen zu entwickeln oder nachzuahmen
▸ Koordinationsschwächen
▸ fehlende Lateralität (Verwechslung von rechts und links)
▸ fehlende Seitendominanz (Händigkeit)
▸ mangelhaft ausgebildetes Differenzierungsvermögen (Dynamikverläufe wie lauter – leiser können nicht umgesetzt werden, die Kinder kennen nur Polaritäten, z. B. nur laut und leise)

Nicht selten erfahren Kinder mit Expressivitätsdefiziten in ihrem sozialen Umfeld zahlreiche Einschränkungen in ihrem Handlungstrieb und Äußerungswillen. Aber auch zu wenig Zutrauen in die Fähigkeiten der Kinder oder Ungeduld vonseiten Erwachsener können zu Defiziten in der Ausdruckfähigkeit führen. Werden einem Kind beispielsweise alle Aufgaben abgenommen, die es problemlos selbst erledigen könnte, weil die Eltern ihm möglichst alle Schwierigkeiten ersparen wollen oder keine Lust haben, so lange zu warten, bis das Kind die Aufgabe selbst gelöst hat, wird die angeborene Neugier und somit der Aktionsdrang des Kindes immer mehr eingedämmt. Dasselbe gilt für die Überforderung. Wird ein Kind ständig kritisiert und getadelt anstatt gelobt und ermutigt, baut sich eine emotionale Spannung auf, die ihren Ausdruck schließlich in der Passivität findet. Vergleiche mit anderen, aktiveren Kindern oder Verweise auf das viel lebhaftere Verhalten der Eltern im selben Alter können dem Defizit dementsprechend nicht entgegenwirken.

Mit den folgenden, meist musikalisch begleiteten Gruppenspielen soll der Ausdruckswille der Kinder und ihre Freude an der Expressivität wieder gefördert werden. Schwerpunktmäßig konzentrieren sich diese durchweg zweckfreien, nicht auf Leistung und Erfolg zielenden Spiele auf die Förderung von:
▸ Selbstvertrauen
▸ Handlungsmotivation
▸ Interaktions- und Kommunikationsfähigkeit
▸ Kreativität
▸ Sprachkompetenz

Expressivität

Der Instrumententanz

Anzahl: 10 Kinder
Alter: ab 5 Jahre
Musik: Glockenspiel, Pauke, Wooden Agogo, Handtrommel, Guiro, eventuell Bewegungsmusik
Förderziele:
▸ Reaktionsvermögen
▸ Konzentrations- und Koordinationsfähigkeit
▸ Eigen- und Fremdwahrnehmung

Die Kinder bilden zwei Kreise.
Im Innenkreis stehen fünf Kinder, die sich je ein Rhythmusinstrument aussuchen dürfen.
Die Kinder im Außenkreis stellen die Tänzer dar, die je nach dem von den Kindern im Innenkreis gespielten Instrument folgende Bewegungen ausführen:

Glockenspiel = sich an den Händen nehmen und im Kreis gehen,
Pauke = in die Hocke gehen und im Entengang watscheln,
Wooden Agogo = auf einem Bein im Kreis herum hüpfen,
Handtrommel = fest mit den Füßen aufstampfen und in die Hände klatschen,
Guiro = mit den Fingern schnippen und sich um sich selbst drehen.

Bevor das Spiel beginnt, legt die Spielleitung mit den Kindern den Rhythmus fest, der auf den jeweiligen Instrumenten gespielt werden soll, sowie einen Ablauf für die Reihenfolge der Instrumente und die entsprechenden Bewegungen.
Wenn es den Kindern gelungen ist, diesen Ablauf einige Male hintereinander flüssig auszuführen, tauschen sie die Tänzer- und Musikantenrollen und legen für die nächste Runde einen neuen Bewegungsablauf fest.

TIPPS

▸▸ Durch eine ansprechende Bewegungsmusik mit gerader Taktart kann den Kindern das rhythmische Spiel erleichtert werden.

▸▸ Variiert werden kann der Instrumententanz durch die Einbindung anderer Instrumente und Bewegungsabläufe.

Der tierisch klingende Sack

Anzahl:	4–6 Kinder
Alter:	ab 5 Jahre
Material:	ein Stoffsäckchen, 10–20 Karten mit verschiedenen Tierbildern
Musik:	Orffinstrumente, Guiro, Kabassa, Wooden Agogo
Förderziele:	▸ Klangfantasie ▸ logisches Denken

Die Spielleitung füllt einen kleinen Stoffsack mit verschiedenen Tierkärtchen, die sie entweder selbst anfertigt oder einem Memory- bzw. Quartett-Spiel entnimmt. Das Säckchen legt sie in die Mitte des Sitzkreises und breitet ringsum verschiedene Rhythmus- und Orffinstrumente aus.

Die Kinder experimentieren mit den Instrumenten und versuchen, ihre jeweiligen Klänge und Tonlagen mit Tieren zu assoziieren.

Dann werden vier Kärtchen aus dem Sack genommen.

Ein zuvor bestimmtes Kind sucht sich insgeheim eines der Tiere auf den Karten aus, wählt ein seiner Ansicht nach geeignetes Instrument und stellt der Gruppe das Tier darauf vor.

Die anderen Kinder raten, welches der vier abgebildeten Tiere auf dem Instrument dargestellt wurde.

Ist das Rätsel gelöst, werden die vier Karten in den Sack zurückgelegt, und die nächste Runde beginnt. Jetzt darf ein anderes Kind eine Karte auswählen und das entsprechende Tier vorstellen.

Die Spechte

Anzahl:	6–8 Kinder
Alter:	ab 5 Jahre
Material:	ein leicht angespitzer Holzdübel für jedes Kind und die Spielleitung
Musik:	C-Blockflöte
Förderziele:	▸ Reaktionsvermögen ▸ Konzentrationsfähigkeit ▸ Gehörbildung

Die Spielleitung verteilt an sich und die Kinder je einen leicht angespitzen Holzdübel, der einen Spechtschnabel darstellen soll.

Die Kinder erkunden die Möglichkeiten des Schnabels, indem sie mit ihm auf den Boden oder auf verschiedene Gegenstände im Raum klopfen.

Dann darf jedes Kind mit seinem Schnabel einen Rhythmus vorgeben, den die andern Kinder nachklopfen.

Die Spielleitung wählt vier der improvisierten Rhythmen aus und ordnet diese zusammen mit den Kindern vier unterschiedlichen Bewegungen zu.

Anschließend improvisiert die Spielleitung eine Melodie auf der Blockflöte.

Die Kinder bewegen sich dazu als fliegende Spechte frei durch den Raum.

Irgendwann unterbricht die Spielleitung ihren Vortrag und klopft mit ihrem Dübel einen der vier zuvor verabredeten Rhythmen.

Die Kinder unterbrechen ihren freien Flug und führen die verabredete Bewegung aus.

Sobald die Spielleitung wieder mit dem Flötenspiel beginnt, dürfen sich die Kinder erneut frei bewegen und die nächste Runde beginnt.

Expressivität 97

Die Entenmutter Witschwatsch

Anzahl: 10 Kinder
Alter: ab 6 Jahre
Förderziele:
- Eigen- und Fremdwahrnehmung
- Kommunikationsfähigkeit
- Orientierung im Raum

Die Spielleitung erzählt den Kindern die Geschichte von der Entenmutter Witschwatsch, die ihre Kinder verloren hat und sie wieder zusammensuchen muss. Da sie nicht gut sehen kann, ist sie dabei auf ihren Gehör- und Tastsinn angewiesen.
Ein Kind wird ausgewählt, das die Rolle der Entenmutter übernehmen soll.
Dieses Kind schließt nun die Augen, und die Spielleitung führt es einmal blind durch das Zimmer, damit es sich dabei tastend mit den räumlichen Gegebenheiten vertraut machen kann.
Die anderen Kinder, die in die Rolle der Entenjungen schlüpfen, verteilen sich ganz leise im Raum. Den Platz, den sie einmal gewählt haben, dürfen sie nicht mehr verlassen, aber sie können sich ducken oder ihre Körperposition verlagern, um der suchenden Mutter auszuweichen.
Haben alle Kinder einen Platz gefunden, tastet sich die Entenmutter langsam voran. Hat sie eines ihrer Kinder gefunden, hängt dieses sich an ihre Schultern. Da es im Gegensatz zur Mutter gut sehen kann, kann es ihr bei der weiteren Suche helfen, indem es durch leichten Druck auf ihre Schultern, jedoch ohne zu sprechen, die weitere Richtung dirigiert.
Ist das nächste Kind gefunden, hängt dieses sich an die Schulter der Mutter und weist ihr die Richtung. Das als erstes gefundene Kind fällt auf die zweite Position in der Entenschlange zurück. Dieser Vorgang wird so lange wiederholt, bis alle Entenkinder gefunden sind.

Danach kann eine weitere Runde mit einer neuen Entenmutter beginnen.

VARIANTE

Die Entenmutter muss durch Tasten erraten, welches ihrer Kinder sie gefunden hat.

Picka das Huhn

Anzahl: 6–8 Kinder
Alter: ab 4 Jahre
Musik: pro Kind ein Paar Klanghölzer
Förderziele:
- Gehörbildung
- Konzentrationsfähigkeit

*Picka, unser kleines Huhn,
hat gar schrecklich viel zu tun.*

*Körnchen pickt sie picka schnell
und kommt dabei noch von der Stell.*

*Picka, pick, pick, pick,
ist sehr schick, schick, schick.*

*Picka, pick, pick, pick,
vor und zurück, -rück, -rück!*

*Auch den Wurm, pick, pick,
nimmt sie mit, mit, mit.*

*Legt ein Ei, ei, ei –
schon vorbei, hei, hei!*

Zunächst trägt die Spielleitung den Kindern das Gedicht vor, dann verteilt sie die Klanghölzer an die Gruppe.
Beim zweiten Vortrag des Gedichtes untermalen die Kinder das Picken des Hühnchens mit den Klanghölzern.
Sobald die Kinder mit dem Gedicht vertraut sind, setzen sie den gesamten Rhythmus des Gedichts auf den Klanghölzern um.

Klingende Geschichten

Anzahl:	4–6 Kinder
Alter:	ab 5 Jahre
Material:	Papier, Wachsmalstifte
Musik:	Orffinstrumente
Förderziele:	▸ kognitive Entwicklung
	▸ Sprachkompetenz
	▸ Kooperations- und Interaktionsfähigkeit

Die Kinder bilden zu zweit oder dritt kleine Gruppen und erhalten pro Gruppe einige Wachsmalstifte und einen großen Bogen Malpapier.
Die Spielleitung gibt ein Thema vor, etwa „Urlaub" oder „Wochenende", und jedes Kind darf auf dem Papier frei malen, was ihm dazu einfällt.
Nach einer Weile werden die Bilder betrachtet, und jedes Kind erzählt, was es gemalt hat.
Dann erfinden die Kinder eine Geschichte, in der alle Bildelemente vorkommen.

ERWEITERUNG

Die Spielleitung schreibt die Geschichte auf, und die Kinder überlegen, wie sie die einzelnen Stationen vertonen können.
Zuletzt liest die Spielleitung die Geschichte noch einmal vor.
Die Kinder wählen je ein Instrument und setzen die geplante Vertonung der Geschichte um.

VARIANTE

Geschichten-Puzzle

Material: pro Kind ein Memory-Kärtchen oder Illustrierte und Kataloge, eine große Pappe, Papier, Schere, Malstifte, Klebstoff

Die Spielleitung teilt Memory-Kärtchen oder aus Illustrierten und Katalogen selbst hergestellte Bildkarten an die Kinder aus.
Die Kinder treffen sich im Sitzkreis und legen ihre Karten für alle sichtbar auf den Boden.
Nun erfinden die Kinder eine Geschichte, in der alle Motive eine Rolle spielen.
Sie kleben ihre Bilder in der durch die ausgedachte Geschichte vorgegebenen Reihenfolge auf eine große Pappe und überlegen, wie sie die einzelnen Stationen vertonen können.
Abschließend wird ein Kind gewählt, das die Rolle des Erzählers übernimmt. Während dieses die Geschichte vorträgt, setzen die anderen Kinder die geplante Vertonung mit den von ihnen gewählten Instrumenten um.

TIPP

Bei gezielter Auswahl der Bildmotive können bei dieser Variante akute Fragen, Nöte, Ängste oder Defizite der Kinder thematisiert und näher beleuchtet werden.

Expressivität

Burg Klapperstein

Anzahl: 6–8 Kinder
Alter: ab 5 Jahre
Material: Malpapier, Stifte
Musik: Orffinstrumente
Förderziele: ▸ Sprachkompetenz
▸ kognitive Entwicklung

Die Spielleitung fertigt anlehnend an die unten abgebildete Illustration ein Bild an, auf dem eine Burg zu sehen ist. Zu dieser Burg führt ein breiter Weg, der mit zahlreichen unterschiedlich großen und verschieden geformten Menschen- und Tierspuren übersäht ist.

Wenn die Kinder das Bild ausgiebig betrachtet haben, überlegen sie, wer die abgebildeten Spuren hinterlassen haben könnte und auf welche Weise sich dieser Jemand zur Burg bewegt haben mag, etwa schleichend oder rennend, schlurfend oder schleppend etc.

Aus diesen Überlegungen entwickeln die Kinder eine Geschichte um die Burg Klapperstein.

Die Spielleitung schreibt die Geschichte auf, und die Kinder überlegen, wie die einzelnen Stationen der Geschichte vertont werden können.

Zum Schluss erhalten die Kinder verschiedene Orffinstrumente.

Die Spielleitung liest die Geschichte noch einmal vor und die Kinder setzen die von ihnen geplante Vertonung um.

VARIANTE

Die Spielleitung zeigt den Kindern die Abbildung der Burg, ordnet den Spuren insgeheim geeignete Instrumente zu und spielt sie den Kindern vor.

Die Kinder versuchen anhand der Klänge und Tonlagen der Instrumente herauszufinden, welches Instrument zu welcher Spur gehört.

Die Bremer Stadtmusikanten

Anzahl:	8 Kinder
Alter:	ab 5 Jahre
Material:	Malstifte, Malpapier
Musik:	je zwei Pauken, Handtrommeln, Guiros und Holzblocktrommeln, eine Triangel
Förderziele:	▸ Improvisationsfähigkeit ▸ Klangfantasie

Die Spielleitung erstellt anlehnend an die unten abgebildete Illustration ein Bild mit einem Wirtshaus und einem Weg, der auf dieses Wirtshaus zuläuft. Auf den Weg zeichnet sie die Fußspuren der Bremer Stadtmusikanten, und zwar in der Reihenfolge, in der die Tiere in der Geschichte auftreten, beginnend mit dem Esel.

Die Spielleitung erzählt den Kindern die Geschichte von den Bremer Stadtmusikanten und zeigt ihnen das Wirtshausbild.

Die Kinder versuchen, die auf dem Bild abgebildeten Spuren den Tieren aus der Geschichte zuzuordnen. Danach schließen sie die Augen.

Die Spielleitung spielt vier verschiedene Instrumente an, die den einzelnen Tieren zugeordnet sind, etwa

Esel = Pauke,
Hund = Handtrommel,
Katze = Guiro,
Hahn = Holzblocktrommel.

Die Kinder versuchen, anhand der Klänge und Tonlagen der Instrumente herauszufinden, welches Instrument welches Tier repräsentiert. Haben die Kinder die Zuordnung geklärt, erhält jedes von ihnen eines der vier Instrumente, so dass immer zwei Kinder das gleiche Instrument besitzen.

Dann beginnt das Tierkonzert. Entsprechend der Fußspuren auf dem Wirtshausbild beginnen die Kinder mit ihrem Einsatz.

Zuerst kommt der Esel: Die Paukenkinder spielen ein Solo.

Dazu gesellt sich der Hund: Die Handtrommelkinder bilden mit den Pauken ein Duett.

Dann kommt die Katze. Die Kinder mit den Guiros fallen ein.

Schließlich erscheinen die Hähne. Die Holzblocktrommelkinder haben ihren Einsatz.

Auf ein verabredetes Signal der Spielleitung hin, etwa einen Triangelschlag, erreichen alle vier Gruppen das Wirtshaus. Die darin befindlichen imaginären Räuber erschrecken, und es entsteht ein Tumult, der auf den Instrumenten klanglich dargestellt wird.

Ein weiterer Triangelschlag signalisiert, dass sich die Tür zum Wirtshaus geschlossen hat und im Wald wieder Ruhe einkehrt.

Expressivität

Die Drehbuchwerkstatt

Anzahl:	8–10 Kinder
Alter:	ab 6 Jahre
Material:	Kopie einer Bildergeschichte, Schere, Klebstoff, eine große Pappe, Verkleidungsaccessoires
Musik:	Orffinstrumente
Förderziele:	▸ Sprachkompetenz ▸ Organisationsfähigkeit ▸ kognitive Entwicklung

Die Spielleitung wählt eine beliebige Bildergeschichte aus und stellt eine Kopie davon her. Sie schneidet die einzelnen Bilder aus und zeigt sie den Kindern in einer falschen Reihenfolge. Die Kinder finden die richtige Reihenfolge heraus und kleben die Bilder in dieser Reihenfolge auf eine große Pappe.
Die Pappe wird für alle sichtbar im Raum aufgehängt.
Dann denken sich die Kinder eine passende Geschichte zu den Bildern aus und überlegen, wie die jeweiligen Motive vertont werden können.
Damit die Geschichte dramaturgisch umgesetzt werden kann, müssen die Kinder unterschiedliche Rollen übernehmen. Benötigt werden:

▸ Darsteller, die die Geschichte spielen,
▸ Musikanten, die die Geschichte vertonen,
▸ ein Erzähler, der die Geschichte vorträgt und
▸ ein Regisseur, der Darsteller, Musikanten und Erzähler anweist und auf die richtigen Einsätze achtet.

Sind alle Rollen verteilt, beginnt die Vorführung.
Bei einem eventuellen zweiten Spieldurchgang werden die Rollen getauscht.

Die kleine Ladislaus

Anzahl:	8 Kinder
Alter:	ab 4 Jahre
Musik:	pro Kind eine Handtrommel
Förderziele:	▸ Wahrnehmungsdifferenzierung ▸ Feinmotorik ▸ Koordinationsfähigkeit

Es war einmal 'ne Ladislaus,
die dachte sich was Lust'ges aus:

Sie sprang keck auf ein Brombeerblatt
und aß sich richtig kräftig satt.

Davon bekam sie so viel Kraft,
dass sie beim Springen Saltos schafft'.

Sie plumpste ständig auf und nieder.
Das aber passte nicht dem Frieder.

Der Frieder ist ein Regenwurm
und gar nicht laut – fast eher stumm.

Die Spielleitung trägt das Gedicht in der Gruppe vor, und die Kinder hüpfen dazu durch den Raum.
Wenn die Kinder mit dem Gedicht vertraut sind, begleitet die Spielleitung den Vortrag mit der Handtrommel.
Die Kinder klatschen zum vorgegebenen Rhythmus in die Hände.
Danach erhalten auch sie je eine Handtrommel und begleiten den nächsten Vortrag des Gedichts auf dem Instrument.
Abschließend fordert die Spielleitung die Kinder auf, die Trommel in die andere Hand zu nehmen und während des letzten Vortrags mit der Hand den Rhythmus zu schlagen, die zuvor die Trommel gehalten hat.

Der Regenmacher

Anzahl: 8 Kinder
Alter: ab 5 Jahre
Material: acht ca. 50 cm lange Pappröhren, Reis, Muschelbruch oder Steine, Klebeband, Kleister, Hammer, Nägel, weißes oder buntes Papier, eventuell bunte Stifte oder Malfarbe
Förderziele: ▸ Wahrnehmungsdifferenzierung
▸ Feinmotorik

BASTELANLEITUNG

Zusammen mit der Spielleitung stellen die Kinder je einen Regenmacher her. Dazu nehmen sie eine lange Pappröhre, die sie mit buntem oder weißem Papier bekleben und eventuell anmalen. In die Außenseite der so dekorierten Röhre stechen sie in spiralförmiger Anordnung kleine Nägel hinein. Danach verschließen sie ein Ende der Röhre mit einem Plastikdeckel oder einer Pappscheibe, kleben es gut zu und füllen von der noch offenen Seite aus Reiskörner, Muschelbruch oder kleine Steinchen in die Röhre. Abschließend wird das noch offene Ende der Pappröhre ebenfalls verschlossen.

Die Regenmacher können bei vielen Rhythmusspielen zur musikalischen Untermalung verwendet werden (s. S. 14), den Kindern aber auch zum freien Spiel zur Verfügung stehen.
Für den ersten Kontakt mit dem Regenmacher empfiehlt sich Folgendes:
Zunächst erkunden die Kinder ihre Regenmacher, indem sie sie schütteln, drehen und ihren Geräuschen lauschen.
Nach einiger Zeit sammelt die Spielleitung die Regenmacher ein und fordert die Kinder auf, ihre Augen zu schließen.
Die Spielleitung lässt vier verschiedene Regenmacher erklingen.
Die Kinder versuchen, anhand der Klänge ihr eigenes Instrument herauszuhören.

Haben alle Kinder ihre Regenmacher erkannt, erhalten sie die Instrumente zurück.

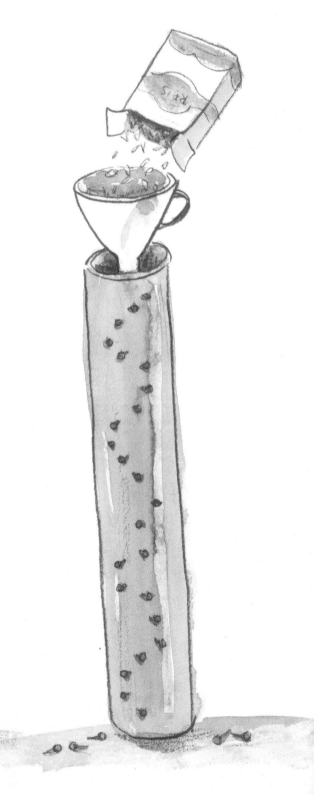

Expressivität   103

Die Hüpferlinge

Anzahl: 8 Kinder
Alter: ab 5 Jahre
Material: pro Kind zwei Flummis mit einem kleinen Loch und zwei Ess- oder Bambusstäbchen, eine Heißklebepistole, Papier, Malstifte
Förderziele:
- Klang- und Bewegungsfantasie
- Wahrnehmungsdifferenzierung
- Konzentrationsfähigkeit
- Feinmotorik

Zusammen mit der Spielleitung stellt jedes Kind zwei Schlagklöppel her, indem es mit der Heißklebepistole je eines seiner Stäbchen in das Flummi-Loch hineinklebt.
Unter Anleitung der Spielleitung untermalen die Kinder mit ihren Schlegeln folgende Verse auf die nebenstehend beschriebene Weise:

VARIANTE

Anstatt auf den Boden, können die Schlegel auch auf ein Instrument gespielt werden.

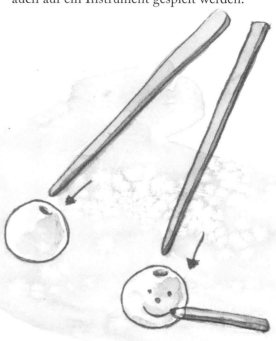

Pömm sagt zu Pamm:	Die Schlegel mit der rechten und linken Hand je einmal auf den Boden schlagen.
„Schau was ich kann!	Die linke Hand macht eine beliebige Bewegung vor.
Mach's mir nach! *- Das macht Spaß!"*	Beide Hände führen die vorherige Bewegung parallel aus.
Pamm sagt zu Pömm: *„Wie findest du das?"*	Die rechte Hand macht eine neue Bewegung.
„Auch das macht Spaß! *Ganz toll ist das.*	Beide Hände führen die neue Bewegung parallel aus.
Doch nun bin ich müde, *lass uns ruhn*	Erst den rechten, dann den linken Schlegel einmal auf den Boden schlagen.
und erst einmal *gar nichts mehr tun."*	Die Schlegel ruhen auf dem Boden.

Der kleine Floh

Anzahl: 8 Kinder
Alter: ab 5 Jahre
Musik: je zwei Handtrommeln, zwei Triangeln, zwei Metallophone und zwei Wooden Agogos
Förderziele: ▸ Fantasie und Kreativität
▸ Improvisationsfähigkeit

Die Spielleitung verteilt die Instrumente an die Kinder und erzählt ihnen die Geschichte vom kleinen Floh im Instrumentenland.

Die Kinder überlegen, wie die Erlebnisse des Flohs auf den Instrumenten umgesetzt werden können.

Schließlich trägt die Spielleitung das Gedicht erneut vor, und die Kinder vertonen die Erlebnisse.

In der rechten Spalte ist ein Beispiel für die instrumentale Begleitung angegeben.

Der kleine Floh, das ist bekannt, *der ging ins Instrumentenland.*	Schläge im Metrum auf die Handtrommel spielen.
Auf der Triangel hüpfte er, *das gefiel ihm gar so sehr.* *Er hüpfte selten, hüpfte sacht –* *ganz, ganz zart zunächst, habt Acht!*	Bei „habt acht!" auf der Triangel verschiedene Klänge improvisieren.
Auf der Handtrommel trieb er's schon toller. *Hört mal her, das klingt schon voller!*	Klänge auf der Handtrommel improvisieren.
Und auf den Wooden Agogos dann, *sprang er ganz kräftig: bam, bam, bam,* *sprang von einem Bein auf's andere,* *als ob er ganz lustig wandere,* *sprang hin und her, hin und her* *und fand das wirklich gar nicht schwer!* *Aber plötzlich ist er ausgerutscht.* *Da war ihm ein Beinchen weggeflutscht.*	Spiel auf den Wooden Agogos.
Doch der Floh blieb ganz heiter *und ist dann wie von einer Leiter* *über's Metallophon gerutscht.*	Glissando von oben nach unten auf dem Metallophon.
Im Instrumentenland, im Instrumentenland, *erlebte der Floh so allerhand.*	

Expressivität

VARIANTE

Die Spielleitung fragt die Kinder, was der Floh im Instrumentenland sonst noch erlebt haben könnte.
Und die Kinder
- improvisieren der Reihe nach auf den vorhandenen Instrumenten ein neues Floh-Erlebnis,
- hören zu, wie ein Kind das von ihm erdachte Erlebnis vorträgt, raten, was der Floh erlebt, wiederholen das Erlebnis auf ihrem Instrument und
- merken sich alle Ereignisse, damit sie sie zum Schluss wiederholen können.

Zungengymnastik

Anzahl: 10 Kinder
Alter: ab 4 Jahre
Förderziele: ▸ Mund- und Zungenmotorik
▸ Eigenwahrnehmung

Die Kinder sitzen im Kreis.
Die Spielleitung spricht den unten stehenden Vers und macht die darin beschriebenen Bewegungen mit der Zunge vor.
Die Kinder ahmen die Bewegungen nach.

*Raus und rein,
das geht fein!*

*Hin und her
ist auch nicht schwer.*

*Schmatzen, iiihh,
das darf man nie!*

*Schnalzen mit der Zunge
wie ein frecher Junge!*

*Zum Schluss ein lauter Plopp,
und dann ist stopp!*

TIPP

Zusätzlichen Reiz erhält das Spiel, wenn die Spielleitung die Verse mehrmals wiederholt und dabei allmählich das Tempo steigert.

Frau Klatschmohn

Anzahl: 8–10 Kinder
Alter: ab 4 Jahre
Material: Frau Klatschmohn
Förderziele:
- Feinmotorik
- Improvisationsfähigkeit
- Konzentrations- und Koordinationsfähigkeit

BASTELANLEITUNG

Material: ein Bambusstab, ca. 40 cm lang, eine große Holzkugel von ca. 7 cm Durchmesser, die ein Loch im Durchmesser des Bambusstabes besitzt, eine Holzkugel von ca. 4 cm Durchmesser, ebenfalls mit einem Loch im Durchmesser des Stabes, farbiger Stoff oder Bastelfilz, eine Heißklebepistole, fester farbiger Karton, Bleistift, Zirkel, Lineal, Schere, Wollreste

Frau Klatschmohn ist eine Schlupfkasper-Puppe und besteht als solche aus drei Hauptelementen: einer Tüte, in die die Puppe versenkt werden kann, der eigentlichen Puppe, die mit einem Stoffteil an der Tüte befestigt wird und einem Stab, der die Puppe auf und ab bewegt.

Als erstes wird die Tüte hergestellt. Auf einen festen farbigen Karton in DIN-A3-Größe einen Kreis mit einem Radius von ca. 18 cm aufzeichnen und ausschneiden. Den Kreis zu einer Tüte formen und zusammenkleben. Am schmal zulaufenden Ende der Tüte ein Loch im Durchmesser des Bambusstabs einschneiden. Die Tüte anmalen oder mit bunten Filzblumen bekleben. Für das Oberteil aus Stoffresten oder Bastelfilz einen kleinen Pullover mit Vorder- und Rückenteil herstellen. Den Halsausschnitt relativ eng halten, so dass er später am Kopf der Puppe oder am Bambusstab festgeklebt werden kann. An das Ende jedes Ärmels eine kleine Stoffhand anbringen. Das fertige Oberteil mit dem unteren Ende an der Innenseite der breiten Öffnung der Papptüte befestigen. Für den Kopf auf die große Holzkugel mit Plaka-Farben das Gesicht von Frau Klatschmohn aufmalen. Dabei darauf achten, dass der Hals der Puppe später dort sitzen wird, wo sich jetzt das Loch in der Kugel befindet. Mit ein paar Wollresten eine Frisur für Frau Klatschmohn herstellen und auf der Holzkugel festkleben. Anschließend den Kopf mit dem Bambusstab verkleben. Die fertige Tüte mit dem angeklebten Oberteil über das untere Ende des Stabes ziehen, und zwar derart, dass das Oberteil unter dem Kopf der Puppe verklebt werden kann. Aus grünem Filz eine kleine Halskrause herstellen und diese zwischen dem Kopf und dem Stab der Puppe festkleben, damit der Übergang verdeckt wird. Abschließend die kleine Holzkugel am unteren Ende des Bambusstabes befestigen.

TIPP:

Wem die Herstellung von Frau Klatschmohn zu aufwendig ist, kann für die folgenden Spiele auch eine beliebige andere Schlupfkasper-Puppe verwenden und diese mit buntem Filz oder Stoffresten ergänzend dekorieren.

Frau Klatschmohn ist eine stadtbekannte Klatschtante, die stets über die neusten Ereignisse plaudert.

Die Kinder und die Spielleitung sitzen im Kreis.

Die Spielleitung hält Frau Klatschmohn in der Hand und erzählt den Kindern eine frei zu erfindende Klatsch-Geschichte. In diese webt sie immer wieder die Worte „Klatsch, Klatsch" ein. Gleichzeitig klopft sie mit dem Stabende der Schlupfkasper-Puppe auf den Boden und fordert die Kinder auf, an diesen Stellen mit den Händen mitzuklatschen.

Wenn Frau Klatschmohn besonders ausgiebig klatscht, hebt die Spielleitung ihre Stimme und klopft heftig mit dem Stab auf den Boden. Die Kinder klatschen entsprechend laut.

Wenn Frau Klatschmohn hingegen eher verhalten tratscht und die Spielleitung die Worte „Klatsch, Klatsch" nur sehr leise ausspricht, klatschen die Kinder vorsichtig und ruhig.

VARIANTEN

Klatschen mit Frau Klatschmohn

Die Spielleitung klopft mit Frau Klatschmohn Rhythmen auf dem Boden vor, die die Kinder imitieren.

Irgendwann wird Frau Klatschmohn an ein Kind übergeben. Dieses erfindet einen neuen Rhythmus, der ebenfalls von der Gruppe wiedergegeben wird.

Frau Klatschmohn dirigiert

Musik: verschiedene Orff- und Rhythmusinstrumente

Jedes Kind wählt ein Orff- oder Rhythmusinstrument aus, mit dem es zunächst frei experimentiert.

Frau Klatschmohn zieht sich derweil in ihr Tütenhaus zurück. Das ist ihr Zeichen dafür, dass sie ihre Ruhe haben möchte.

Sobald die Kinder ganz leise sind, beginnt die von der Spielleitung bewegte Frau Klatschmohn, sich ein wenig zu rühren. Das bedeutet, dass die Kinder wieder ganz leise auf ihren Instrumenten spielen dürfen.

Je weiter Frau Klatschmohn auftaucht, desto lauter dürfen die Kinder spielen. Zieht sie sich zurück, müssen die Kinder leiser werden. Ist sie völlig verschwunden, muss alles wieder ganz ruhig sein.

Die Dreh-Hops-Wipp-Tute-Maschine

Anzahl:	10 Kinder
Alter:	ab 5 Jahre
Material:	eine Langbank, mehrere Reifen, Stäbe, Matten, Bälle und Seile
Musik:	Orffinstrumente, Heulschläuche, Plastikflaschen, Guiro, Kabassa, Lotusflöte und Fantasieinstrumente wie Kämme, Konservendosen, eine Gießkanne, Hupen, Fahrradklingeln usw.
Förderziele:	▸ Improvisationsfähigkeit
	▸ Fantasie und Kreativität
	▸ Kooperations- und Interaktionsfähigkeit

Die Geschichte von der Dreh-Hops-Wipp-Tute-Maschine

Einmal haben die Leute den Keller aufgeräumt, und sie haben lauter Sachen in den Hof gestellt: eine alte Matratze und ein krummes Fahrrad und ein langes Brett und ein rostiges Ofenrohr und noch viele solche alten Sachen. Da war gar kein Platz mehr im Hof, die Kinder konnten nicht mehr spielen. Zuerst haben sie sich geärgert. Aber dann haben sie gesagt: „Wir wollen uns aus den Sachen etwas bauen. Wir bauen uns eine verrückte Maschine!" Sie habe die Matratze auf die Erde gelegt, und dann sind sie darauf herumgehopst. Jetzt hatten sie eine Hops-Maschine! Dann haben die Kinder das Fahrrad umgedreht. Sie haben es neben die Matratze gestellt, und sie sind gehopst und haben an den Rädern vom Fahrrad gedreht. Jetzt hatten sie eine Dreh-Hops-Maschine! Dann haben sie das Brett über die Matratze gelegt. Mit dem Brett konnten sie wippen. Jetzt hatten sie eine Dreh-Hops-Wipp-Maschine! Dann haben sie das Ofenrohr geholt. Sie haben laut durch das Ofenrohr getutet, und jetzt hatten sie eine Dreh-Hops-Wipp-Tute-Maschine! Alle Leute haben aus den Fenstern geguckt und gelacht.

Quelle: Ursula Wölfel, „Siebenundzwanzig Suppengeschichten" © 1968 by K. Thienemanns Verlag, Stuttgart – Wien.

Die Spielleitung erzählt die Geschichte von der Dreh-Hops-Wipp-Tute-Maschine und stellt den Kindern verschiedene Materialien, etwa eine Langbank, Matten, Reifen, Bälle und Seile, zur Verfügung, damit sie die Maschine nachbauen können.
Danach experimentieren die Kinder in der Maschinenlandschaft.
Wenn sie die vorhandenen Gegenstände ausgiebig erkundet haben, regt die Spielleitung die Kinder dazu an, diese Gegenstände als Fantasieinstrumente zu nutzen. So können sie beispielsweise auf einem Kamm blasen, Konservendosen als Trommeln benutzen usw.
Sobald jedes Kind ein geeignetes Instrument gefunden hat, kann die Geschichte von der Dreh-Hops-Wipp-Tute-Maschine nachgestellt, vertont und um lustige Ideen erweitert werden.

VARIANTE

Falls für den Nachbau der Maschine nicht genügend Platz vorhanden ist, kann die Geschichte auch als Anregung für eine grafische Notation verwendet werden.
Die Kinder malen die Bewegungen der einzelnen Maschinenteile auf und erhalten so eine grafische Partitur, die zur späteren Vertonung der Geschichte verwendet werden kann.

Stundenbilder

Die besten Ergebnisse bei der kindlichen Entwicklungsförderung erzielen wir, wenn Kinder ungezwungen, interessiert und mit Freude lernen. Um dies zu erreichen, müssen wir die Erlebnis- und Erfahrungswelt der Kinder als Maßstab anlegen und unsere Förderstunden dieser Welt gemäß konzipieren. Besonders wichtig ist es, jeder Förderstunde einen bildhaften Themenrahmen zu geben, denn vor und kurz nach dem Schuleintritt entdecken und begreifen Kinder die Welt noch vornehmlich auf bildhaft-konkrete, d. h. fantasievolle Weise. Indem wir eine bildhafte Atmosphäre schaffen, bauen wir genau auf dieser Fähigkeit auf und kreieren eine Welt, in der sich die Kinder intuitiv bewegen und deren Regeln sie unbewusst erlernen können, so dass sie Lerninhalte schneller und einfacher verinnerlichen als bei einer unmethodischen Aneinanderreihung thematisch zusammenhangloser Spiele.

Insgesamt ist beim Aufbau und bei der Durchführung von Förderstunden vor allem auf Folgendes zu achten:

- Kreieren Sie einen bildhaften Spielrahmen, der sich an einem zentralen Thema orientiert.
- Gestalten Sie die Übergänge zwischen den einzelnen Spielen einer Stunde fließend, d. h. innerhalb des Spielrahmens nachvollziehbar.
- Passen Sie Ihre sprachliche Ausdrucksweise dem kindlichen Verständnishorizont und dem gewählten Thema an, um die Kinder aus der einmal aufgebauten Bildwelt nicht herauszureißen. Sagen Sie also am Ende der ersten hier vorgestellten Beispielstunde statt: „Die Stunde ist aus. Ich sammle jetzt die Seile ein", besser: „Die Schlangen sind jetzt müde. Sie wollen schlafen gehen. Und die kleinen Schlangenbeschwörer möchten sicher auch ein bisschen ausruhen."
- Bleiben Sie in ihrem Ablaufplan flexibel, um auf neue Ideen und spontane Bedürfnisse der Kinder eingehen zu können.
- Stellen Sie die Spiele und Aufgaben so zusammen, dass jedes Kind zu einem Erfolgserlebnis kommt. Nur so bleibt bei den Kindern die Lust am Spiel und die Freude am Lernen erhalten.
- Isolieren Sie förderungsbedürftige Kinder nicht gezielt von anderen. Jedes Kind hat Stärken und Schwächen und kann daher in einer gemischten Gruppe nicht nur von anderen lernen, sondern auch als Vorbild dienen. Zudem entstehen durch eine offensichtliche Trennung bei den förderungsbedürftigen Kindern schnell Konkurrenzgefühle, die Blockaden hervorrufen und Lernerfolge vereiteln können.
- Legen sie für jedes Kind eine Mappe an, in der Sie eine schriftliche Verhaltensbeobachtung, einen ausgefüllten Entwicklungsbogen und einige Mal- und Gestaltungsarbeiten des Kindes abheften. Diese Sammlung kann Ihnen helfen, bei einem Elterngespräch, in der Kooperation mit der Grundschule, dem Kinderarzt oder dem Therapeuten die Entwicklung des Kindes zu dokumentieren und etwaige Defizite genauer zu analysieren.

Exemplarischer Stundenaufbau

Eine Förderstunde besteht aus sechs Phasen:

A. Begrüßung

mit einem Lied und/oder einer Handpuppe.

B. Bewegungsangebot

durch ein das Thema einleitendes Bewegungsspiel oder durch musikalisch untermalte freie Bewegung im Raum.

C. Einstieg in das Thema

mit einer Geschichte, einem Gedicht oder einem Requisit (Bild, Material, Musik), wahlweise unterstützt durch ein Handgestenspiel.

D. Vorbereitung

durch Experimentieren mit dem Material, ein Lied oder ein Bewegungsspiel zum Thema.

E. Förderspiele

F. Ausklang

mit einem Mal- oder Gestaltungsangebot.

Die einzelnen hier vorgestellten Phasen können sich überschneiden, wie dies etwa bei der letzen Beispielstunde der Fall ist. Es sollte jedoch keine Phase übersprungen werden, da jede von ihnen ein spezielles Ziel verfolgt:

Die Begrüßungsphase dient dem Aufbau einer vertrauensvollen Atmosphäre, die bei den Kindern die Lust am Spiel anregen und ihren Gemeinschaftssinn stärken soll. Denn nur, wenn sich jedes Kind wohl fühlt und von der Gruppe akzeptiert wird, können optimale Ergebnisse erzielt werden. Daher ist es während dieser Phase besonders wichtig, allen Kindern dasselbe Maß an Aufmerksamkeit zu schenken. Zudem bietet es sich an, die Begrüßung über einen längeren Zeitraum hinweg gleichartig zu gestalten, etwa indem immer mit demselben Lied oder derselben Handpuppe begonnen wird. Auf diese Weise können die Kinder Zutrauen entwickeln und etwaige Hemmungen ablegen.

Das Bewegungsangebot führt einerseits in die folgende Spielphase ein, andererseits werden dabei die Konzentrationsfähigkeit der Kinder gefördert und ihre Sinne geschärft, so dass sie für die Inhalte der späteren Förderspiele aufnahmefähiger sind.

Der thematische Spielrahmen erleichtert den Kindern wie gesagt den Zugang zu den Förderspielen. Deshalb ist ein durchdachter Einstieg in das Thema von großer Bedeutung. Jedem Kind sollte hier genügend Zeit gegeben werden, sich auf das spätere Spielangebot einstellen zu können.

Die Vorbereitungsphase bereitet den Inhalt der Förderspiele vor und macht die Kinder mit dem für die Spiele benötigten Material vertraut.

Die eigentlichen Förderspiele nehmen etwa ein Drittel der Gesamtstunde ein. Wie viele davon tatsächlich in einer Stunde Platz haben und welche Aspekte schwerpunktmäßig gefördert werden sollen, hängt von der Zusammensetzung der jeweiligen Gruppe ab. Bei den unten vorgestellten Stundenbilder handelt es sich lediglich um Beispiele, die nur selten ohne Abwandlungen, Streichungen oder Ergänzungen übernommen werden können.

Das abschließende Mal- und Gestaltungsangebot dient einerseits zur Entspannung der Kinder und fördert durch die kreative Übertragung des zuvor Erprobten auf ein anderes Medium die Vertiefung des Gelernten. Andererseits vermitteln die Ergebnisse der Arbeiten interessante Aufschlüsse über die Entwicklung der Kinder.

1. Stundenbild
Schwerpunkt: Koordination

Mit der Schlange Sibara durchs Kaktustal

Anzahl:	8–10 Kinder
Alter:	ab 5 Jahre
Material:	pro Kind ein langes Seil, ein Korb mit Deckel, eine Augenbinde, pro Kind eine Kopie eines Bildes mit drei verschieden großen Schlangenumrissen oder ein großer Bogen Malpapier mit dem Umriss einer Schlange, Malerkrepp, Wachs- oder Buntstifte
Musik:	C-Blockflöte, 4–5 Rasseln, orientalische Bewegungsmusik
Förderziele:	▸ Koordination ▸ Konzentrationsfähigkeit ▸ Reaktionsvermögen ▸ Orientierung im Raum ▸ Wahrnehmungsdifferenzierung ▸ Gehörbildung

A. Begrüßung

B. Bewegungsangebot

Das Kaktustal

Die Spielleitung improvisiert eine orientalische Melodie auf der Blockflöte. Die Kinder bewegen sich zu der Musik frei durch den Raum. Sobald die Spielleitung ihr Spiel unterbricht, bleiben die Kinder stehen. Sie stellen sich vor, sie seien Kakteen, strecken die Arme aus und spreizen ihre Finger wie Stacheln vom Körper ab.
Ein zuvor bestimmtes Kind versucht, sich durch diesen zufällig entstandenen Parcours einen Weg zu bahnen, ohne dass es einen Kaktus berührt.
Danach beginnt die Musik erneut.
Das Spiel ist zu Ende, wenn jedes Kind den Parcours einmal durchlaufen hat.

C. Einstieg in das Thema

Die Schlange Sibara; Variante
(s. S. 68)

D. Vorbereitung

Schlangenbeschwörung

Die Kinder sitzen im Kreis.
Die Spielleitung spielt eine orientalische Bewegungsmusik ein und stellt einen abgedeckten Korb in die Kreismitte, der ein Schlangennest symbolisieren soll. Unter dem Deckel lugt für die Spielleitung und für jedes Kind ein Seilende hervor, das einen Schlangenkopf darstellt.
Die Spielleitung zieht ein Seil möglichst langsam aus dem Korb heraus. Sie rollt das Seil vorsichtig zu einer Spirale zusammen, legt es neben sich auf den Boden und bestimmt ein Kind, das als nächstes ein Seil aus dem Korb ziehen darf.
Danach geht es reihum weiter.
Die Seile bleiben so lange unberührt auf dem Boden liegen, bis alle Kinder eine Schlange aus dem Korb gezogen haben.

Stundenbilder

E. Förderspiele

1. Die Schlange Sibara (s. S. 68)

2. Schlangenformen

Die Spielleitung erklärt den Kindern, dass ihre Schlangen nun müde geworden sind und sich ausruhen wollen.

Die Kinder finden sich zu Paaren zusammen. Ein Kind schließt die Augen, das andere legt mit seinem Seil eine beliebige Form auf den Boden.

Das Kind mit den geschlossenen Augen ertastet die gelegte Form und versucht, sie nachzulegen. Glaubt es, die Aufgabe erfüllt zu haben, macht es die Augen wieder auf.

Die Kinder begutachten das Ergebnis und tauschen die Rollen.

3. Der Schlangentanz

Die Spielleitung stellt den Korb in die Mitte des Raums.

Die Kinder stellen sich im Kreis um den Korb herum auf und legen ihre Seile so in den Korb, dass die Seilenden ein wenig über den Korbrand hinausragen. Jedes Kind merkt sich, welches sein Seil ist.

Die Spielleitung improvisiert eine orientalische Melodie auf der Blockflöte.

Die Kinder greifen ihre Seilenden und lassen die Schlangen je nach der von der Spielleitung vorgegebenen Tonfolge tanzen, etwa

die Melodie steigt an = die Schlangen schlängeln in die Höhe,
die Melodie fällt ab = die Schlangen schlängeln in den Korb zurück,
die Spielleitung unterbricht die Melodie = die Schlangen halten in ihrer Bewegung inne.

TIPP

Falls die Kinder nicht genügend Bewegungsfreiheit haben, können bei diesem Spiel auch zwei Körbe verwendet werden.

F. Ausklang

Die Kinder erhalten je eine Malvorlage, auf der drei unterschiedlich große Schlangen abgebildet sind.

Die Spielleitung spielt nacheinander drei verschiedene Melodien mit deutlich voneinander unterscheidbaren Stimmungen, wie z. B. heiter, bedrohlich und traurig, an.

Zu jeder Melodie malen die Kinder eine ihrer Schlangen aus.

VARIANTE

Die Spielleitung fixiert einen großen Bogen Malpapier mit einem Schlangenumriss auf dem Boden, und die Kinder malen alle gemeinsam die Schlange aus.

2. Stundenbild
Schwerpunkt: Entspannung und Expressivität

Das Häuschen Klitzeklein

Anzahl: 8–10 Kinder
Alter: ab 5 Jahre
Material: ca. 16 Seile in verschiedenen Farben, eine große Papierrolle, Malerkrepp, Bunt- oder Wachsstifte
Musik: C-Blockflöte oder Glockenspiel
Förderziele:
- Entspannung
- Expressivität
- Orientierung im Raum
- Wahrnehmungsdifferenzierung
- Reaktionsvermögen
- Gehörbildung
- Konzentration

A. Begrüßung

B. Bewegungsangebot

Mir nach! (s. S. 63)
Die letzte Spielrunde gestaltet die Spielleitung. Wenn sich die Kinderschlange hinter ihr gebildet hat, spricht sie folgende Verse:

*Wir gehen nun in das Land Wunderfein,
da steht das Häuschen Klitzeklein.*

C. Einstieg in das Thema
Das Häuschen Klitzeklein (s. S. 16)

D. Vorbereitung
Klitzeklein-Massage (s. S. 18)

E. Förderspiele
1. Das Dorf Klitzeklein (s. S. 17)

2. Dingsbums (s. S. 89)

3. Es war einmal im Häuschen Klitzeklein …

Jedes Kind erhält den von ihm zuvor ertasteten Gegenstand und legt ihn vor sich auf den Boden.
Die Spielleitung erklärt den Kindern, dass all diese Gegenstände aus dem Häuschen Klitzeklein stammen und fragt, was sie dort wohl erlebt haben mögen.
Gemeinsam entwickeln die Kinder eine Geschichte um das Häuschen Klitzeklein, in der alle ertasteten Gegenstände eine Rolle spielen.

F. Ausklang
Das Dörfchen Klitzeklein (s. S. 18)

3. Stundenbild
Schwerpunkt: Entspannung und Koordination

Die Blumen auf der Wiese

Anzahl:	6–8 Kinder
Alter:	ab 5 Jahre
Material:	20–30 bunte Chiffontücher, je zur Hälfte in hellen und dunklen Farbtönen, 5 bunte Pappscheiben, Malpapier, Wachs- oder Buntstifte
Musik:	C-Blockflöte, Glockenspiel, Metallophon, Bewegungsmusik, z.B. Prokofjew, Visions Fugitives, Op. 22 „Commodo"
Förderziele:	▸ Entspannung ▸ Koordination ▸ Konzentration ▸ Expressivität

A. Begrüßung

B. Bewegungsangebot

Die Spielleitung improvisiert eine beliebige Melodie auf der Blockflöte.
Die Kinder bewegen sich zu der Musik frei durch den Raum.
Wenn die Spielleitung ihre Melodie unterbricht, springen die Kinder schnell in die Hocke und rufen einen Blumennamen aus.

C. Einstieg in das Thema

Gedicht: Die Blumen erwachen
(s. S. 27)

Die Spielleitung spricht den Kindern das Gedicht ein paar Mal vor, damit sie es beim späteren Bewegungsspiel mitsprechen können.
Zur besseren Veranschaulichung und um den Kindern bereits an dieser Stelle Ideen für das Bewegungsspiel zu vermitteln, kann die Spielleitung ihren Vortrag mit selbst ausgedachten Handgesten untermalen.

D. Vorbereitung

Die Kinder setzen sich in einen Kreis.
Die Spielleitung legt einen Stapel heller und dunkler Chiffontücher in die Mitte, die Blütenblätter darstellen sollen. Pro Kind wird ein Chiffontuch benötigt. Die Spielleitung sollte jedoch 4–5 zusätzliche Tücher in den Kreis legen, damit auch für das letzte Kind noch eine Auswahl vorhanden ist.
Die Kinder wählen der Reihe nach je ein Chiffontuch aus und beginnen, mit dem Material zu experimentieren.
Die Spielleitung greift verschiedene von den Kindern entwickelte Ideen für den Umgang mit den Chiffontüchern auf und regt die Gruppe dazu an, die Vorschläge nachzuahmen. Zudem achtet sie darauf, dass die Kinder den Unterschied zwischen den hellen und den dunklen Tüchern erkennen.

E. Förderspiele

1. Die Blumen erwachen, Variante
(s. S. 27)

2. Die Blumenwiese (s. S. 26)

F. Ausklang

Die Kinder erhalten je einen Bogen Malpapier und ein paar Buntstifte und malen eine Blumenwiese frei nach ihren Vorstellungen.

4. Stundenbild
Schwerpunkt: Wahrnehmungsdifferenzierung

Mit dem Bleistiftmännchen durchs Bleistiftland

Anzahl:	6–8 Kinder
Alter:	ab 5 Jahre
Material:	pro Kind ein stumpfer Bleistift und ein Reifen, Buntstifte, Malpapier
Musik:	C-Blockflöte, Bewegungsmusik
Förderziele:	▸ Fein- und Grobmotorik
	▸ Eigen- und Fremdwahrnehmung
	▸ Konzentration
	▸ Koordinationsfähigkeit
	▸ interhemisphärisches Zusammenspiel

A. Begrüßung

B. Bewegungsangebot
Bleistiftmännchen-Tanz (s. S. 59)

C. und D. Einstieg und Vorbereitung
Das Bleistiftmännchen (s. S. 58)

E. Förderspiele
1. Bleistiftmännchen-Paarlauf (s. S. 58)

2. Der Spitzer (s. S. 61)

3. Der Radiergummi (s. S. 60)

F. Abschluss

Die Spielleitung spielt eine ruhige Bewegungsmusik ein und verteilt pro Kind einen Bogen Malpapier und ein paar Buntstifte.
Die Kinder überlegen, was das Bleistiftmännchen und seine Freunde im Bleistiftland alles erleben könnten, und malen ihre Ideen auf.

Register

1. Entspannung

Blütenzauber	27
Das Dorf Klitzeklein	17
Das Dörfchen Klitzeklein	18
Das Häuschen Klitzeklein	6
Der Igel Zickundzack	21
Der musikalische Regenbogen	14
Der Sonnenschein	28
Der Traumzauberstern	29
Die Blumen erwachen	27
Die Blumenwiese	26
Die bunten Kreise	21
Die Raupe Rigula	11
Echt dufte	27
Ein Luftballon spazieren flog	25
Ein Seifenblasentraum	19
Fröschlein Hüppe-Hüpp	29
Heut' fang' ich eine Wolke	22
Käfer Kribbel	15
Klitzeklein-Massage	18
Spuren im Sand	20
Wettermassage	24
Wolkenbilder	23
Zehen hab' ich zehn	12

2. Konzentration

August, der Jongleur	32
Den Tannenbaum schmücken	42
Der Geschenkeschlitten	45
Der Riesenschlitten	45
Der Würfel	35
Der Zirkusclown August	32
Die bunten Marienkäfer	41
Die Geschenke des Weihnachtsmanns	44
Die gleichaltrigen Marienkäfer	40
Die große Marienkäfer-Familie	39
Die Marienkäfer-Familie	39
Die Schatzstraße	31
Kapellmeister August	34
Marienkäfertanz	39
Nussschalen-Memory	43
Stein-Käfer-Tanz	40
Was der Würfel nicht zeigt	36
Wie alt ist der Marienkäfer?	41
Würfel-Käfer-Tanz	40
Zahlenakrobatik	37
Zahlentanz	36

3. Wahrnehmungs-differenzierung

Bleistiftmännchen-Gemälde	58
Bleistiftmännchen-Paarlauf	58
Bleistiftmännchen-Tanz	59
Das Bleistiftmännchen	58
Das Bli-Bla-Bleistiftland	60
Das Röhrenspiel	47
Der Radiergummi	60
Der Spitzer	61
Die bezaubernde Schnecke	52
Die Wahrnehmungsuhr	50
Ein Schneckenspaziergang	53
Ein Wunsch frei	49
Lange Leitung	49
Ostereier suchen	54
Röhrenkontakt	48
Röhrenrollen	48
Schelle, wo bist du?	53
Tanzende Mikadostäbchen	54
Vogelkonzert	57
Vogelstimmen	55
Windgesang der Vögel	56

4. Koordination

Achterbahn	64
Der Farbwürfel	71
Der freche Schlingel	70
Der Kuckuck und das Ei	75
Die Raupe im Labyrinth	67
Die Raupe Rudolf	66
Die Schlange Sibara	68
Die Silberfische	65
Flitzesternchen	71
Flugs der Fuchs	67
Heute machen wir das Gegenteil!	77
Kaspern	63
Mir nach!	63
Pfiff – der Zug fährt ab	64
Pilze sammeln	76
Rudi Rechts und Lilo Links	72
Rudi und Lilo gehen tanzen	75
Rudi und Lilo machen Musik	75

5. Körperwahrnehmung

April, April …	83
Der Drachentanz	80
Der Hase sitzt im Kohl	79
Die Ballonis	88
Die Gefühlsexperten	93
Dingsbums	89
Eine turbulente Reise	90
Frühjahrsputz	93
Hase, Bauer, Fuchs und Hund	80
Körperbilder	92
Paule Plattfuß	86
Schneckenbesuch	83
Schneckentraum	82
Spiegelbilder	87
Tanz nach Formen	87
Wolkenspektakel	84

6. Expressivität

Burg Klapperstein	99
Der Instrumententanz	95
Der kleine Floh	104
Der Regenmacher	102
Der tierisch klingende Sack	96
Die Bremer Stadtmusikanten	100
Die Drehbuchwerkstatt	101
Die Dreh-Hops-Wipp-Tute-Maschine	109
Die Entenmutter Witschwatsch	97
Die Hüpferlinge	103
Die kleine Ladislaus	101
Die Spechte	96
Frau Klatschmohn	106
Frau Klatschmohn dirigiert	108
Geschichten-Puzzle	98
Klatschen mit Frau Klatschmohn	108
Klingende Geschichten	98
Picka das Huhn	97
Zungengymnastik	105

Zur Autorin

Heike Lutzeyer ist staatlich anerkannte Erzieherin. Fünf Jahre lang arbeitete sie als Leiterin zweier Kindergärten in Fellbach und Tübingen. Nach ihrer Ausbildung studierte sie rhythmisch-musikalische Erziehung an der Hochschule für Musik und Darstellende Kunst in Stuttgart.

Gegenwärtig arbeitet Heike Lutzeyer als freiberufliche Rhythmik- und Blockflötenlehrerin für Kinder im Schul- und Vorschulalter. Seit 1996 ist sie zudem Dozentin für Rhythmik-, Musik- und Bewegungserziehung an der Fachschule für Sozialpädagogik in Crailsheim und gibt Fortbildungskurse für ErzieherInnen und KinderpflegerInnen im Fachbereich Rhythmik. „Im Spiel lernen – fürs Leben fit sein" ist ihre erste Buchpublikation.

Verwendete und weiterführende Literatur

Bundesarbeitsgemeinschaft zur Förderung Haltungs- und Bewegungsauffälliger Kinder und Jugendlicher e.V. (Hrsg.): Kinder brauchen Bewegung. Wahrnehmungs- und Bewegungsförderung im Vorschulalter. Mainz: 1993

Sabine Hirler: Kinder brauchen Musik, Spiel und Tanz. Bewegt-musikalische Spiele, Lieder und Spielgeschichten für kleine und große Kinder. Münster: Ökotopia, 1998

Jacob Pfluger: Wahrnehmungsstörungen bei Kindern. Hinweise und Beobachtungshilfen. Freiburg: Herder, 1998 (Kindergarten heute – spezial)

Hilde Trapmann, Gerhard Liebetrau, Wilhelm Rotthaus: Auffälliges Verhalten im Kindesalter. Bedeutung – Ursache – Korrektur. Frankfurt: Fischer, 1970/1984

Elisabeth Wurst: Wahrnehmungsstörungen im Kindesalter. Diagnose - Folgen – Therapie. o. A.

Der Fachverlag für gruppen- und spielpädagogische Materialien

Ökotopia Verlag und Versand

Fordern Sie unser kostenloses Programm an:

Ökotopia Verlag
Hafenweg 26 · D-48155 Münster
Tel.: (02 51) 48 19 80 · Fax: 4 81 98 29
E-Mail: info@oekotopia-verlag.de

Besuchen Sie unsere Homepage! Genießen Sie dort unsere Hörproben!

http://www.oekotopia-verlag.de
und www.weltmusik-fuer-kinder.de

Inseln der Entspannung
Kinder kommen zur Ruhe mit 77 phantasievollen Entspannungsspielen

ISBN: 3-931902-18-8

Voll Sinnen spielen
Wahrnehmungs- und Spielräume für Kinder ab 4 Jahren

ISBN: 3-931902-34-X

Toben, raufen, Kräfte messen
Ideen, Konzepte und viele Spiele zum Umgang mit Aggressionen

ISBN: 3-931902-41-2

Auf dem Blocksberg tanzt die Hex'
Spiele, Geschichten und Gestaltungsideen für kleine und große Hexen

ISBN: 3-931902-19-6

Eltern-Turnen mit den Kleinsten
Anleitungen und Anregungen zur Bewegungsförderung mit Kindern von 1 - 4 Jahren

ISBN: 3-925169-89-X

Wi-Wa-Wunderkiste
Mit dem Rollreifen auf den Krabbelberg – Spiel- und Bewegungsanimation für Kinder ab einem Jahr
Mit einfachen Materialien zum Selberbauen

ISBN: 3-925169-85-7

Kritzeln-Schnipseln-Klecksen
Erste Erfahrungen mit Farbe, Schere und Papier und lustige Ideen zum Basteln mit Kindern ab 2 Jahren in Spielgruppen, Kindergärten und zu Hause

ISBN: 3-925169-96-2

Große Kunst in Kinderhand
Farben und Formen großer Meister spielerisch mit allen Sinnen erleben

ISBN: 3-931902-56-0

Kunst & Krempel
Fantastische Ideen für kreatives Gestalten mit Kindern, Jugendlichen und Erwachsenen

ISBN: 3-931902-14-5

Laß es spuken
Das Gruselbuch zum Mitmachen

ISBN: 3-931902-01-3

Wunderwasser Singen kann doch jeder
Lieder, Tänze, Spiele und Geschichten aus dem Kinderwald

ISBN (Buch): 3-931902-65-X
ISBN (CD): 3-931902-66-8

Alte Kleider – Neue Leute
Mit Schleier bin ich Königin, mit Fahrradhelm ein Astronaut

ISBN: 3-931902-81-1

Kinder spielen Geschichte

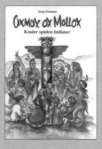

Floerke + Schön
Markt, Musik und Mummenschanz
Stadtleben im Mittelalter
Das Mitmach-Buch zum Tanzen, Singen, Spielen, Schmökern, Basteln & Kochen
ISBN (Buch): 3-931902-43-9
ISBN (CD): 3-931902-44-7

G. + F. Baumann
ALEA IACTA EST
Kinder spielen Römer
ISBN: 3-931902-24-2

Jörg Sommer
OXMOX OX MOLLOX
Kinder spielen Indianer
ISBN: 3-925169-43-1

Bernhard Schön
Wild und verwegen übers Meer
Kinder spielen Seefahrer und Piraten
ISBN (Buch): 3-931902-05-6
ISBN (CD): 3-931902-08-0

Im KIGA, Hort, Grundschule, Orientierungsstufe, offene Kindergruppen, bei Festen und Spielnachmittagen

Auf den Spuren fremder Kulturen

Die erfolgreiche Reihe aus dem Ökotopia Verlag

H.E. Höfele, S. Steffe
Der wilde Wilde Westen
Kinder spielen Abenteurer und Pioniere
ISBN (Buch): 3-931902-35-8

Wilde Westernlieder und Geschichten
ISBN (CD): 3-931902-36-6

P. Budde, J. Kronfli
Karneval der Kulturen
Lateinamerika in Spielen, Liedern, Tänzen und Festen für Kinder
ISBN (Buch): 3-931902-79-X
ISBN (CD): 3-931902-78-1

Sybille Günther
iftah ya simsim
Spielend den Orient entdecken
ISBN (Buch): 3-931902-46-3
ISBN (CD): 3-931902-47-1

Kinderweltmusik im Internet
www.weltmusik-fuer-kinder.de

H.E. Höfele, S. Steffe
In 80 Tönen um die Welt
Eine musikalisch-multikulturelle Erlebnisreise für Kinder mit Liedern, Tänzen, Spielen, Basteleien und Geschichten
ISBN (Buch): 3-931902-61-7
ISBN (CD): 3-931902-62-5

Gudrun Schreiber, Chen Xuan
Zhong guo ...ab durch die Mitte
Spielend China entdecken
ISBN: 3-931902-39-0

D. Both, B. Bingel
Was glaubst du denn?
Eine spielerische Erlebnisreise für Kinder durch die Welt der Religionen
ISBN: 3-931902-57-9

M. Rosenbaum, A. Lührmann-Sellmeyer
PRIWJET ROSSIJA
Spielend Rußland entdecken
ISBN: 3-931902-33-1

G. Schreiber, P. Heilmann
Karibuni Watoto
Spielend Afrika entdecken
ISBN (Buch): 3-931902-11-0
ISBN (CD): 3-931902-12-9

Miriam Schultze
Sag mir, wo der Pfeffer wächst
Spielend fremde Völker entdecken
Eine ethnologische Erlebnisreise für Kinder
ISBN: 3-931902-15-3